GÜTERSLOHER
VERLAGSHAUS

Gütersloher Verlagshaus. Dem Leben vertrauen

Der evangelische Theologe Uwe Birnstein (geboren 1962) arbeitet seit 1989 als Autor und Redakteur für Zeitschriften, Hörfunk und Fernsehen. Er veröffentlichte mehrere Bücher zu theologischen und historischen Themen. Letzte Buchveröffentlichung: »... und führe sie in Versuchung!« Das geheime Handbuch des Teufels, München 2010.

www.birnstein.de

Uwe Birnstein

Kleines Lexikon christlicher Irrtümer

Von Abendmahl bis Zungenreden

Gütersloher Verlagshaus

Bibliografische Information der Deutschen Nationalbibliothek

Die Deutsche Nationalbibliothek verzeichnet diese Publikation in der Deutschen Nationalbibliografie; detaillierte bibliografische Daten sind im Internet über http://dnb.d-nb.de abrufbar.

FSC
www.fsc.org
FSC® C017859
The mark of responsible forestry

Verlagsgruppe Random House FSC-DEU-0100
Das für dieses Buch verwendete FSC-zertifizierte Papier *EOS* liefert Salzer Papier, St. Pölten, Austria.

1. Auflage

Mitarbeit: Sonja Poppe
Satz: Satz!zeichen, Landesbergen
Umschlagmotiv: © fotolia
Druck und Einband: CPI Moravia Books, Korneuburg
Printed in Czech Republic
ISBN 978-3-579-06555-7

www.gtvh.de

Vorwort

»Das Elementarwissen über den christlichen Glauben nimmt ab!« Selten sieht man Gesichter von Kirchenvertretern so besorgt wie angesichts dieses Befundes. Es ist ja auch deprimierend: Da lebt man schon im Abendland, dessen Geschichte ohne das Christentum gänzlich anders verlaufen wäre; da mühen sich Heerscharen von Geistlichen ab, Sonntag für Sonntag den Glauben zu erklären und auszulegen; da sind immerhin zwei Drittel der Gesellschaft noch Mitglieder einer Kirche – trotzdem sieht es mau aus, geht es um die Inhalte des christlichen Glaubens. Weihnachten ist noch bekannt – aber Pfingsten, was war da doch gleich? Und warum feiern Katholiken den frohen Leichnam? Bei der frohen Botschaft des Matthäus denken viele eher an die Jungfrauenes-kapaden des gleichnamigen Fußballers als an die Bergpredigt. Und das Wichtigste an Ostern sind die Eier. Jeder Kirchenskandal verdeckt das Wissen um die vielfältigen Arbeitsgebiete der Kirchen und um das unersetzbare Engagement der Christen für eine humane Gesellschaft. In den bemüht glaubenskritischen Titelgeschichten der großen Publikumszeitschriften, die diese ihren Lesern alljährlich zum Heiligen Abend unter den Baum legen, wird mit pubertärem Pathos ein Glaube zerpflückt, der eher einem Zerrbild als den Tatsachen entspricht. Armes Christentum.

Wäre es doch nur der Mangel an Wissen, wäre da doch nur Leere beim Stichwort »Christentum«! Der Befund ist noch verheerender: Halbwissen verbindet sich mit Vorurteilen und Klischees; sich sonst kritisch gebärdende Zeitgenossen tragen unkritisch Irrtümer über das Christentum weiter. Sie meinen zu wissen, dass Jesus nicht auferstanden ist, sondern scheintot war; in jedem Beichtstuhl, erst recht in jedem Pfarrhaushalt vermuten sie Unanständiges, außerdem bezichtigen sie Christen des Duckmäusertums und der Prüderie.

Und dann gibt es da noch eine weitere Gruppe, die Irrtümer hegt und pflegt: Viele Gläubige zimmern sich in bewundernswerter, fast schon anarchischer Weise einen Glauben zusammen, der fröhlich Christliches mit Volkstümlichem mischt. Sie bilden die sympathische Fraktion der Irrtums-Apostel. Sie zu belehren steht allenfalls jenen an, die nicht mit erhobenem Zeigefinger, sondern mit Humor und Leichtigkeit versuchen, das Schwere leicht zu sagen. Irrlehrer wurden lange mit bitterernstem Eifer verfolgt. Irrtümer als solche zu entlarven, kann hingegen eine lustvolle Angelegenheit sein, bei der erlösende »Aha«-Momente und herzhaftes Lachen erlaubt sind. Christen dürfen nicht streiten? Heilige haben sündlos gelebt? Päpste leb(t)en keusch? Gott wohnt in Kirchen? Lachen befreit – auch die Neugier. Und weist all jene in die Schranken, die zwar dogmatisch korrekt glauben, darüber aber die Leichtigkeit des gläubigen Seins verloren haben. Gott bewahre!

Berlin-Kreuzberg
(nein, dort wurde Jesus nicht gekreuzigt!)
im März 2011 *Uwe Birnstein*

A Das **ABENDMAHL** verbindet die Christen miteinander

Ein Hauch von Harmonie wehte im Jahr 2003 durch die Berliner Frühlingsluft. Erstmals hatten die evangelische und die römisch-katholische Kirche ihre Gläubigen zum gemeinsamen Kirchentag eingeladen. Nicht die Unterschiede, sondern die Einheit der Konfessionen sollte auf diesem Glaubenstreffen im Vordergrund stehen.

Dennoch war ein Trennendes nicht aus der Welt zu schaffen. Evangelische und katholische Christen würden auf dem Kirchentag trotz aller Einheitsbekundungen wieder nicht gemeinsam Abendmahl feiern. Für einen Gottesdienst lang wurde der Wille zur Gemeinsamkeit außer Kraft gesetzt. Katholische besuchten die Eucharistie, Evangelische das Abendmahl. Jede Konfession für sich.

Aus der Distanz betrachtet ein skurriler Sachverhalt: Christen, die sich auf die Bibel berufen, dürfen nicht gemeinsam »an den Tisch des Herrn treten«, wie es in der kirchlichen Sprache heißt. Warum eigentlich nicht? Wo doch Jesus der biblischen Überlieferung zufolge seine zwölf Jünger, sogar seinen Verräter Judas, zu Brot und Wein einlud. »Das ist mein Leib, der für euch gegeben wird«, sagte Jesus am Abend vor seiner Gefangennahme seinen Jüngern, »das tut zu meinem Gedächtnis.«

Gerade an diesen Worten hat sich ein bisweilen unerbittlicher Streit entzündet, der bereits seit Jahrhunderten andauert. Die Gründe für die Trennung klingen theologisch nachvollziehbar; dass sie jedoch kirchentrennend wirken, können viele Christen beider Konfessionen schwer verstehen. Aus katholischer Sicht

verwandeln sich während der Liturgie Brot und Wein in Leib und Blut Christi. »Ein Mysterium«, erklären Theologen und beharren darauf, dass sich die Substanz der irdischen Zutaten real und wesenhaft verändere. (In Fachgesprächen wird diese Wandlung »Transsubstantiation« genannt, der die tatsächliche Anwesenheit, die »Realpräsenz« Christi folge.) Nur katholische Christen dürfen den Herrn in dieser Form aufnehmen.
Die Kirchen der evangelischen Tradition verstehen das Abendmahl hingegen eher als Gedächtnismahl, bei dem Brot und Wein Zeichen der Gegenwart Christi sind. Die Gemeinschaft der Christen, die an den Altar tritt, ist ihnen wichtiger als die reale Verwandlung. Mit diesem offenen Verständnis können Evangelische vollen Herzens katholische Mitchristen einladen und mit ihnen am Altar die Gemeinschaft feiern. Denen ist es aber bislang verboten. Dass sich diese Trennung der Christenheit aufheben möge, betonen Christen aller Konfessionen. Einen Zeitpunkt mag niemand nennen.

ABLASS gab es nur im Mittelalter

Wie kann ich meine Sünden und begangenen Fehler ungeschehen machen? Eine naheliegende Frage, nicht nur für Gläubige. Die Kirche hat sich eine spirituelle Methode einfallen lassen, den »Ablass«. Er kehrt die Sünden nicht unter den Teppich, aber verringert die Zeit der Strafen dafür, zahlt sie ab aus dem sogenannten Gnadenschatz, den die Kirche verwahrt. Eine päpstliche Behörde legt fest, zu welchen Zeiten Ablass gewährt wird – zuletzt war das beispielsweise im »Priesterjahr« 2009 möglich, ebenso beim Weltjugendtreffen in Köln 2005. Im 15. Jahrhundert funktionalisierte die Kirche den Ablass zur praktischen Geldmaschine: Der Petersdom sollte errichtet werden, viel Geld war nötig. Überall im Reich wurden Ablassbriefe verkauft – Urkunden, die eben jenen Straferlass schwarz auf weiß zusicherten. Das brachte den Wittenberger Augustinermönch Martin Luther dermaßen in Rage, dass er 95 Thesen gegen den Ablass veröffentlichte – was schließlich zu einer Kirchenspaltung führte. Schon am Ende des 16. Jahrhunderts sah die katholische Kirche ein, dass Ablassbriefe nicht im Sinne des christlichen Glaubens sind. Jeder, der sie weiter verkaufte, wurde mit Exkommunikation bedroht. Der Ablass jedoch wird bis heute praktiziert und provoziert evangelische Christen wie eh und je.

Das Christentum vertritt einen **ABSOLUTHEITSANSPRUCH**

»Ich bin der Weg und die Wahrheit und das Leben; niemand kommt zum Vater denn durch mich.« So steht's geschrieben, bei Johannes im 14. Kapitel, Vers 6. Das ist Klartext, da ist nichts dran zu deuteln: Wer Gott finden will, muss an Jesus Christus glauben; wer es nicht tut, geht in die Irre. Eigentlich praktisch. Schließlich kann man sich ja seines eigenen Glaubens gar nicht mehr sicher sein bei der Fülle an Religionen und Glaubensaussagen, denen man täglich überall begegnet. Doch was ist bloß mit den Menschen los: Obwohl so eindeutig in der Bibel steht, wie sie Gott finden können – sie wollen es partout nicht wahr haben! Man sollte diesen Glaubensstörern die Wahrheit überhaupt mal deutlicher vor Augen führen, vielleicht lassen sich einige von ihnen dadurch noch retten. Schließlich hat Jesus ja gesagt: »Gehet hin und machet zu Jüngern alle Völker: Taufet sie auf den Namen des Vaters und des Sohnes und des Heiligen Geistes und lehret sie halten alles, was ich euch befohlen habe« (Matthäus 28,19f). So weit, so biblisch – oder? Gäbe es da nicht auch andere Stellen in der Bibel. Zum Beispiel in der Bergpredigt. Da heißt es nämlich: »Was siehst du aber den Splitter in deines Bruders Auge und nimmst nicht wahr den Balken in deinem Auge? Oder wie kannst du sagen zu deinem Bruder: Halt, ich will dir den Splitter aus deinem Auge ziehen?, und siehe, ein Balken ist in deinem Auge. Du Heuchler, zieh zuerst den Balken aus deinem Auge; danach sieh zu, wie du den Splitter aus deines Bruders Auge ziehst« (Matthäus 7,3ff). So einfach scheint es also nicht zu sein mit dem Glauben und der einen Wahrheit für alle.

Jede Religionsgemeinschaft geht natürlich davon aus, dass ihre Überzeugungen wahr sind. Ein solcher Anspruch auf Wahrheit aber bedeutet auch, dass diese Wahrheit eigentlich für alle Menschen Gültigkeit beanspruchen müsste. In der Realität sieht es jedoch so aus, dass unterschiedlichste Religionen verschiedenste Überzeugungen vertreten und jeweils für die richtige halten. Christen glauben, dass sich im Leben, Wirken und Sterben Jesu Christi Gott selbst den Menschen offenbart und ihnen damit den Weg hin zu sich eröffnet hat. Eine schöne und als Glaubensaussage akzeptable Vorstellung. Problematisch wird es allerdings, wenn der Absolutheitsanspruch ins Spiel kommt: »Niemand kommt zum Vater denn durch mich« – und behauptet wird, die Menschheit finde ihre Erfüllung nur, wenn alle diesen einen Weg gehen. Lässt sich ein solcher Anspruch heutzutage überhaupt noch glaubwürdig vertreten?

Ja, meint die katholische Kirche bis heute – während der Protestantismus sich nicht festlegen mag – und fordert zusätzlich die Anerkennung der Autorität der Kirche als Vermittlerin der Wahrheit. Da die Kirche jedoch auch ein Interesse an dieser Vermittlung hat, sieht sie Angehörige anderer Religionen nicht etwa sofort als verloren an, sondern richtet ihr Augenmerk auf »das Religiöse« an diesen Religionen und erkennt dies an, da nur so eine Auseinandersetzung mit Andersgläubigen möglich sei. Fragt sich nur, wer festlegt, was »das Religiöse« eigentlich ist und wie dialogbereit sich die Kirche zeigt, wenn die Andersgläubigen

einfach nicht einsehen wollen, dass allein die katholische Kirche den richtigen Weg kennt.
Geschichtlich gesehen, ist der Absolutheitsanspruch eine recht junge Erscheinung. Zwar tauchen, wie an Jesu Aussage im Johannesevangelium zu erkennen ist, ähnliche Gedanken schon in der Bibel auf. Allerdings sollte man sich bewusst machen, dass Bibeltexte Glaubensaussagen von Menschen formulieren, die für ihre Überzeugungen werben wollten, und nicht in erster Linie als Selbstdefinition einer Religion zu lesen sind. Das Johannesevangelium beispielsweise wurde erst rund 100 Jahre nach Jesu Tod aufgeschrieben, es ist also relativ unwahrscheinlich, dass Jesus selbst diese Aussage formuliert hat. Viel wahrscheinlicher ist es, dass ihm der schon gewachsene Glaube seiner Anhänger in den Mund gelegt wurde, um die ersten Christen im Glauben zu bestärken.
Zur Zeit der Aufklärung wurde den Menschen immer bewusster, dass die Vorstellung von der einen wahren Religion kaum zu halten ist. Der Absolutheitsbegriff, der von der Vorstellung, alle anderen Religionen führten auf direktem Weg ins Verderben, bis zu der Vorstellung, alle Religionen würden sich im Laufe der Geschichte hin zum Christentum entwickeln, die unterschiedlichsten Denkmodelle hervorbrachte, konnte das Problem allerdings auch nicht lösen. Eine Position, die auch heute noch bedenkenswert scheint, stellte Lessing mit seiner Ringparabel in »Nathan der Weise« dar: Die Menschen können gar nicht erkennen, welche Religion die wahre ist und ob nur eine oder doch alle auf unterschiedliche Weise zum Ziel führen. Nicht die einzelne Religion steht im Mittelpunkt, sondern das Ziel, auf das sie alle zuführen und das wir Menschen nur unterschiedlich zu erklären versuchen. Eine reizvolle Position, die allerdings, wenn sie zu dem Eindruck führt, letztendlich sei alles gleichgültig, ihr Potenzial nicht ausschöpft. Denn ohne die Verankerung in einer konkreten Glaubensgemeinschaft verliert jeder Glaube schnell seine Grundlage. Als (protestantischer) Christ kann ich glauben, dass der Weg zum Ziel über den Glauben an Jesus Christus führt,

aber ich kann nicht wissen, ob dies der einzige Weg für alle ist. Dennoch gibt es auch unter evangelischen Christen Verfechter eines rigorosen Absolutheitsanspruchs. In der Überzeugung, den richtigen Weg gefunden zu haben und Gottes Willen wortwörtlich aus der Bibel ablesen zu können, grenzen sie sich einerseits strikt gegen alles ab, was ihren Glauben in Frage stellen könnte, und versuchen andererseits mit großem missionarischem Eifer die Menschheit zu ihrem Glauben zu bekehren. Dafür, dass ein solches Verhalten einem friedlichen Zusammenleben auf der Welt nicht dienlich ist, hält die Geschichte unzählige Beispiele bereit. Echter Glaube lässt sich eben nicht erzwingen.

Was aber lässt sich dann tun, wenn ich mir angesichts der unzähligen Möglichkeiten, die mir offenstehen, gar nicht mehr sicher sein kann, was überhaupt richtig oder falsch ist? Wie einfach wäre es doch, wenn man nur die Bibel aufschlagen und nach passenden Versen für seine Überzeugung suchen müsste, um sich bestätigt und seines Glaubens sicher zu fühlen. Wenn es Prediger gäbe, die mir klar sagten, wo es langgeht. So einfach ist es nicht und das ist gut so. »Was siehst du aber den Splitter in deines Bruders Auge und nimmst nicht wahr den Balken in deinem Auge?« Wenn man nicht alles bitterernst nimmt, was in der Bibel steht und sich einfach durch die Texte inspirieren lässt, könnte man sich zum Beispiel vornehmen, zunächst einmal das Brett vor dem eigenen Kopf zu entfernen, um dann zusammen mit anderen den besseren Ausblick zu genießen und gegenseitig an den noch verbliebenen Splittern arbeiten zu können. Sich auf der Grundlage des eigenen Glaubens mit dem Fremden auseinandersetzen – ein anstrengender Weg. Aber ein spannendes Unterfangen, bei dem man seine Identität nicht aufgeben muss, sondern im Gegenteil viel über sich selbst und eigene und fremde Wege lernen kann.

Irrtum oder nicht? Die Beantwortung dieser Frage entscheidet sich letztlich auch an den unterschiedlichen Vorstellungen der Konfessionen. Denjenigen, die noch nie einen Gottesdienst in einer Kirche besucht haben, sei aber zur Beruhigung gesagt: Dort werden keine blutigen Opferrituale vollzogen, auch wenn das den Christen zu Beginn ihrer Geschichte tatsächlich unterstellt wurde. Und damit wären wir am Anfang. Zur Zeit der ersten Christen nämlich gab es in den Versammlungsräumen noch gar keine Altäre als feste Einrichtungsgegenstände. In Erinnerung an das letzte Abendmahl Jesu mit seinen Jüngern wurde zu den Gottesdiensten jeweils ein mit einem weißen Tuch bedeckter Holztisch in den Raum hineingetragen, der »Tisch des Herrn«. Die ersten Christen grenzten sich zunächst sogar scharf von der Vorstellung ab, dass an diesen Tischen Opfer dargebracht würden. Im Laufe der Zeit und unter dem Einfluss des Messopfergedankens – der Vorstellung also, im Vollzug des Abendmahls wiederhole beziehungsweise vergegenwärtige sich unblutig der Opfertod Christi am Kreuz – änderten sich allerdings auch Nutzung und Gestaltung der christlichen Altäre. Aus dem beweglichen »Tisch des Herrn« wurden feststehende Steinaltäre im Zentrum des Kirchenraumes, die in ihrer Quaderform und Ausgestaltung eher antiken Opferaltären als Tischen ähnelten. Auch die aufkommende Heiligenverehrung brachte neue Aspekte in die Gestaltung der Altäre ein. Zunächst wurden immer mehr Kirchen und Altäre über den Grabstätten von Märtyrern errichtet. Da aber nicht überall genug Märtyrer zur Verfügung standen, begann man damit, Reliquien in den Altar einzumauern – daher die sargähnliche Form einiger Altäre der Renaissancezeit. Auch heute noch befindet sich in katholischen Kirchen in jedem Altar eine solche Reliquie.

Von den Reformatoren wurde der Gedanke einer Darbringung des Messopfers verworfen. Dass Luther die Vorstellung einer

Vergegenwärtigung dieses Opfers im Abendmahlsgeschehen nicht ganz so strikt verwarf wie Calvin und Zwingli, zeigte sich in der Folge darin, dass er den Begriff Altar beibehielt, während seine Kollegen den Altar nun wieder »Tisch« nannten. Gebete der Gemeinde vor dem Altar und besonders die geschmückten Erntedankaltäre zeigen dennoch, dass auch den evangelischen Kirchen die Vorstellung des Altars als Ort des Opfers im Sinne eines Dankopfers nicht völlig fremd ist. Das Verständnis des Altars als »Tisch des Herrn« hat sich allerdings sowohl in den evangelischen als auch in der katholischen Kirche bis heute als das vorherrschende durchgesetzt.

Christen haben keine **ANGST** vor dem Tod

Wir alle sind sterblich. Als Menschen wissen wir darum und dennoch erscheint der Tod den meisten von uns als etwas Fremdes, Bedrohliches. Mit dem Tod konfrontiert, werden wir uns unserer eigenen Begrenztheit bewusst. Unkontrollierbar kann er in unser Leben hineingreifen und uns trennen von allem, was uns vertraut und lieb ist. Paulus nennt den Tod in einem Brief an die Korinther den »letzten Feind« (1. Korinther 15,26), und er erinnert die Gemeinde an die Hoffnung, die Christen angesichts des Todes haben dürfen: Jesus Christus hat den Tod überwunden und ist auferstanden und hat auch uns damit den Weg zur Auferstehung eröffnet. Weil Gott seine Schöpfung liebt und sie nicht untergehen lässt, hat er uns seinen Sohn geschickt, der uns den Weg über den Tod hinaus weist. Nicht der Tod behält das letzte Wort, sondern Gott in seiner Liebe zu uns, die über den Tod hinaus reicht. Das ist die Hoffnung der Christen. Dennoch haben Christen, wie alle anderen Menschen auch, Angst vor dem Tod. Denn letztendlich bleibt der Tod auch für uns etwas

Unbegreifliches. Selbst Paulus, der so überzeugt ist von der Auferstehung Jesu, da er den Auferstandenen »gesehen« hat, kann im Grunde nur sagen, dass im Tod alles ganz anders wird. Mehr als die Hälfte der Menschen in Deutschland, die sich als Christen bezeichnen, glauben nicht daran, dass es nach dem Tod noch etwas geben könnte. Nur jeder zehnte Deutsche denkt überhaupt häufiger an seinen eigenen Tod. Mit Ungewissheit und der beängstigenden Fremdheit des Todes müssen also auch Christen leben. Wenn aber Angst, Hoffnungslosigkeit und das Verdrängen des Todes die Überhand gewinnen, was bleibt dann noch von der christlichen Botschaft? Schon Paulus sagt in seinem Brief an die Korinther: Wenn wir nur für das irdische Leben auf Christus hoffen, haben wir die eigentliche Botschaft nicht verstanden, die sich immer auch auf das Himmlische bezieht, und sind im Grunde schon jetzt verloren. Eine traurige Vorstellung. Dabei kann das Wissen darum, dass wir sterblich sind, nicht nur Angst machen, sondern uns Menschen nachdrücklich vor die Frage stellen, wie wir eigentlich leben wollen. Im Wissen um unsere Endlichkeit können wir die Verantwortung erkennen, unser Leben bewusst und sinnvoll zu gestalten. In diesem Sinne muss der Tod nicht nur ein fremder, furchteinflößender Feind bleiben, er kann auch zu einem wunderbaren Ratgeber werden. Wer seinen Tod befragt, erfährt, was wirklich wichtig ist im Leben und was nicht. Die Zeit hier ist begrenzt. Der Tod lehrt uns, dass wir sie nicht vergeuden und jede Gelegenheit nutzen sollten, unser Leben im Blick auf das wirklich Wesentliche zu gestalten. Der Tod bleibt nur solange ein Feind des Lebens, wie wir ihn ignorieren und verdrängen, solange wir uns einbilden, wir hätten die alleinige Kontrolle über den Verlauf unseres Lebens, solange wir meinen, Verantwortung und Entscheidungen über Wesentliches und Unwesentliches immer wieder auf morgen verschieben zu können. Nur wenn wir ihn verdrängen, bis er überraschend kommt, um uns zu zeigen, was wir versäumt haben, lassen wir ihn zu einem quälenden Feind werden. Wer aber mit seinem Tod lebt, kann sich von ihm die Fülle des Lebens zeigen lassen. Im Vertrauen auf die Treue Gottes, die über den Tod hinaus trägt, können wir so schon jetzt etwas von der Qualität des ewigen Lebens erahnen. Wer auf die Zusage vertraut, die Gott den Menschen nach christlichem Glauben in Jesu Tod und Auferstehung macht, hat den Tod schon jetzt überwunden und das ewige Leben in sich (Johannes 11,25f). Christen können darauf vertrauen, dass der Tod nicht das letzte Wort behält. »Tod, wo ist dein Sieg? Tod, wo ist dein Stachel?«, kann Paulus angesichts dieser Hoffnung fragen.

Jesus war **ASKET**

Das Christkind in der ärmlichen Krippe. Ein Mann, der sich von dem Wüstenbewohner Johannes hat taufen lassen und daraufhin selbst vierzig entbehrungsreiche Tage in der Wüste verbrachte. Ein besitzloser Wanderprediger, der der Ansicht war: »Es ist leichter, dass ein Kamel durch ein Nadelöhr gehe, als dass ein Reicher ins Reich Gottes komme« (Markus 10,25). Und der leidende Gekreuzigte: Dieser Mann muss doch ein entbehrungsreiches Leben geführt haben! Und hat er das mit seinen radikalen Forderungen nicht auch von seinen Jüngern verlangt? – Er »gebot ihnen, nichts mitzunehmen auf den Weg als allein einen Stab, kein Brot, keine Tasche, kein Geld im Gürtel, wohl aber Schuhe, und nicht zwei Hemden anzuziehen« (Markus 6,8f). Soll er nicht sogar den Essenern nahegestanden haben, dieser strenggläubigen jüdischen Sekte, deren Mitglieder nach radikalen Vorschriften enthaltsam und abgeschieden lebten? Ganz klar: Jesus muss ein Asket gewesen sein.
Warum aber wurde ihm dann von einigen Gegnern vorgehalten, er sei »ein Fresser und Weinsäufer« (Matthäus 11,19)? Und tatsächlich, bei einer Hochzeit hat er sogar Wasser in Wein verwan-

delt und auch sonst häufig mit seinen Jüngern und Mitmenschen zusammen gegessen und gefeiert. Wie lebte Jesus denn nun wirklich? Was erwartete er von seinen Jüngern? Und wie passte dies zu seiner Botschaft? Anders als der Täufer Johannes, der in der Wüste lebte, sich von Heuschrecken und Honig ernährte und der das unmittelbar bevorstehende Gericht Gottes verkündete, war Jesus kein Asket. Jesus erzählte den Menschen in vielen seiner Gleichnisse davon, dass das Reich Gottes schon hier auf Erden angebrochen sei. Für ihn war das ein Grund zur Freude. Daher konnte er auch keinen Anlass dafür sehen, warum Menschen versuchen sollten, durch besondere Enthaltsamkeit oder demonstratives Fasten die Nähe zu Gott zu suchen. Wenn das Reich Gottes schon angebrochen ist, kommt es nur noch darauf an, es zu erkennen und anzunehmen. Als Jesus gefragt wurde: »Warum fasten die Jünger des Johannes und die Jünger der Pharisäer, und deine Jünger fasten nicht?«, antwortete er mit der Gegenfrage: »Wie können die Hochzeitsgäste fasten, während der Bräutigam bei ihnen ist?« (Matthäus 9,18f). Askese als Selbstzweck fordert Jesus also nicht. Die Menschen werden vielmehr bewusst vor die Entscheidung gestellt, welches Verhalten ihnen angesichts des schon angebrochenen Gottesreiches angemessen erscheint.

In einer Zeit der Freude darf gefeiert werden; wer sich allerdings entscheidet, Jesu Botschaft anzunehmen, der muss sich ganz dafür entscheiden können – wenn ihm sein Besitz oder irgendetwas sonst auf der Welt wichtiger ist, wird ihm dies immer im Wege stehen. So kann Jesus zu dem jungen Mann, der ihn nach einer Möglichkeit fragt, das ewige Leben zu erlangen, sagen: »Geh hin, verkaufe alles, was du hast, und komm und folge mir nach« (Markus 10,21). Ja, es kann sogar nötig sein, Heimat und Familie zu verlassen, um sich voll und ganz für das Reich Gottes entscheiden zu können. Jesus predigt Armut nicht als Ideal, sondern er weiß, wie leicht Besitz abhängig machen und von der Entscheidung für Gott abbringen kann. Nur wer sich von derartigen Abhängigkeiten frei macht, kann sich ganz in Gottes Hände begeben.

Aufgepasst aber, dass man bei einem solchen Vorhaben nicht gleich in neue Abhängigkeiten gerät! Denn auch davor warnt Jesus: Wer seinen Verzicht öffentlich macht, damit prahlt und sich von anderen bewundern lässt, ist gleich in die nächste Falle getappt. Er rät daher: »Wenn ihr fastet, sollt ihr nicht sauer dreinsehen wie die Heuchler; denn sie verstellen ihr Gesicht, um sich vor den Leuten zu zeigen mit ihrem Fasten. Wenn du aber fastest, so salbe dein Haupt und wasche dein Gesicht, damit du dich nicht vor den Leuten zeigst mit deinem Fasten, sondern vor deinem Vater, der im Verborgenen ist; und dein Vater, der in das Verborgene sieht, wird dir's vergelten« (Matthäus 6,16ff). Jesus stellt die Menschen vor die Entscheidung für Gott. Dazu braucht es keine Askese und kein frommes Verhalten. Gott ist schon da und das ist ein Grund zur Freude, die Menschen müssen sich nur für ihn entscheiden und alles, was dem im Wege steht, loslassen.

B Jesus hatte einen **BART**

Seltsam, obwohl die Evangelien nichts über das Aussehen Jesu überliefern, erscheint er in allen gängigen Darstellungen wiedererkennbar als europäisch wirkender, bärtiger und langhaariger Mann. Kann Jesus tatsächlich so ausgesehen haben? Und wie kommt es zu dieser Einheitlichkeit der Darstellungen? Den ersten Christen ging es allein um die Botschaft von und über Jesus. Die Frage, wie er ausgesehen haben könnte, spielte dabei gar keine Rolle. Auch als vom dritten Jahrhundert an Abbildungen aufkamen, dienten sie zunächst hauptsächlich dazu, etwas über Jesus zu erzählen. Der jeweilige Künstler stellte Jesus einfach so dar, wie er ihn sich vorstellte. Ab dem vierten Jahrhundert jedoch kamen plötzlich die Darstellungen des bärtigen, langhaarigen Jesus auf, die bis heute unser Jesusbild prägen. Noch verwunderlicher scheint die Einheitlichkeit dieser Darstellungen, wenn man sich bewusst macht, dass sich die Künstler weder an Überlieferungen orientieren konnten noch einfach das gängige Schönheitsideal ihrer eigenen Zeit übernahmen. Woran also orientierten sie sich?

Das Turiner Grabtuch, ein Tuch, auf dem der Gesichtsabdruck eines bärtigen, langhaarigen Mannes zu erkennen ist, könnte den entscheidenden Hinweis geben. Unabhängig von der bis heute andauernden Diskussion um die Echtheit dieser Reliquie, die Jesus zeigen soll: Die frühen Darstellungen Jesu ähneln in verblüffender Weise dem Gesichtsabdruck auf dem Turiner Tuch, das zu damaliger Zeit im Besitz Kaiser Konstantins gewesen sein soll. Es scheint also wahrscheinlich, dass unser heutiges Jesusbild auf dieses Tuch zurückzuführen ist. Ob der Mann, dessen Gesicht

dort verewigt ist, tatsächlich Jesus sein könnte, lässt sich allerdings wohl nie klären.
Wissen können wir heute nur, dass Jesus zwischen dreißig und vierzig Jahre alt wurde und für seine Zeit kein junger Mann mehr war. Da Judas ihn küssen musste, um ihn zu verraten, scheint Jesus sich in Gestalt und Aussehen wohl nicht auffällig von seinen Zeitgenossen unterschieden zu haben. Mumienporträts aus Ägypten und römische Münzen, auf denen Juden abgebildet sind, zeigen bärtige Südländer. Aber ob Jesus, dem Gebote nur wichtig waren, wenn sie der Entscheidung der Menschen für Gott dienten, sich an die alttestamentliche Vorschrift »Ihr sollt euer Haar am Haupt nicht rundherum abschneiden noch euren Bart stutzen« (3. Mose 19,27) hielt oder nicht, wissen wir nicht. Auch wenn es in unserer an Bildern orientierten Zeit noch so faszinierend erscheint, nach dem wahren Aussehen Jesu zu forschen – was gelegentlich zu seltsamen Auswüchsen führt, so präsentierte der Sender BBC vor einigen Jahren ein angeblich wissenschaftlich rekonstruiertes Bild, das Jesus als einen urwüchsigen Typen mit breiter Nase und wirrer Kurzhaarfrisur zeigt –, vielleicht sollten wir uns lieber an das alte Gebot halten: »Du sollst dir kein Bildnis machen« (5. Mose 5,8). Schließlich kommt es auf Jesu Aussehen wirklich nicht an, sondern auf seine Botschaft.

Bei den Evangelischen gibt es keine **BEICHTE**

Kommt man als evangelischer Christ in eine katholische Kirche, fallen einem schnell einige Einrichtungsgegenstände auf, die man aus der eigenen Kirche nicht kennt. Vom Weihwasserbecken über den Tabernakel bis hin zu Heiligenfiguren und -altären. Am auffälligsten aber sind – besonders in älteren Kirchen – die großen schrankartigen Beichtstühle. Manch ein Film mag dem befremdeten Protestanten dann in den Sinn kommen, Gedanken an sündige Taten, das Beichtgeheimnis und sich daraus ergebende Verstrickungen, zehn Ave Maria für den begehrlichen Blick in Richtung Nachbarsjüngling – nein, so etwas gibt es bei den Evangelischen doch nicht! Oder?

Abgesehen davon, dass es so klischeehaft auch bei den Katholiken normalerweise nicht zugeht, die Beichte gibt es sehr wohl auch bei den Protestanten. In vielen lutherischen Gottesdiensten zum Beispiel gut versteckt als gemeinsames Sündenbekenntnis kurz vor der Abendmahlsfeier. Aber auch besondere Beichtgottesdienste sind möglich und auf Wunsch die Einzelbeichte, die allerdings auf reformierter Seite eher kritisch gesehen und dort noch seltener praktiziert wird als in lutherischen Gemeinden.

Martin Luther kritisierte an der katholischen Beichtpraxis und den dahinterstehenden Vorstellungen zwar, dass der Mensch gar nicht in der Lage sei, sich all seiner Sünden bewusst zu werden, um sie zu bereuen, und dass er sich auch nicht durch Taten der Genugtuung davon befreien könne, da er allein auf die Gnade Gottes angewiesen sei. Dennoch hielt er ausdrücklich an der Beichte als wirksamer Möglichkeit zur Versöhnung mit Gott und den Mitmenschen fest. Er selbst, der immer wieder von starken Selbstzweifeln gequält wurde, beichtete regelmäßig, zeitweise sogar täglich, und meinte: »Ja, ich wäre längst vom Teufel erwürgt, wenn mich nicht die Beichte erhalten hätte.«

Beim **BETEN** muss man die Hände falten

»Wir sind Christen, falten unsere Hände / Schließen dabei die Augen zu / Preisen Gott und die geistige Wende / Spielen Blindekuh / Wir wollen unseren Herren loben / Alles Gute kommt von oben«, sang Herbert Grönemeyer in den achtziger Jahren. Aber ist das wirklich Beten: fromm die Hände falten, Augen schließen, ein Vaterunser dahersagen und sich als der bessere Mensch fühlen, während nebenan Feindschaft und Zerstörung herrschen? Auf Äußerlichkeiten und demonstrative Frömmigkeit kann es wohl nicht ankommen. »Wenn du aber betest, so geh in dein Kämmerlein und schließ die Tür zu und bete zu deinem Vater, der im Verborgenen ist« (Matthäus 6,6), sagt Jesus in der Bergpredigt, gibt aber an keiner Stelle eine bestimmte Körperhaltung als verbindlich vor. Offensichtlich kommt es also eher auf die innere als auf die äußere Haltung an, die allerdings durchaus die innere Haltung widerspiegeln kann. So vielfältig wie die Anlässe eines Gebets können auch die Körperhaltungen sein. In der Bibel ist oft vom Erheben der Hände die Rede, eine Geste, die Empfangsbereitschaft ausdrückt; aber auch das Niederknien oder -fallen als Geste der Demut vor Gott scheint üblich gewesen zu sein. Das Falten der Hände dagegen kam erst spät und vermutlich in Anlehnung an einen Brauch des mittelalterlichen Lehnsrechts im Abendland auf. Die Lehnsleute verpflichteten sich ihren Lehnsherren gegenüber symbolisch, indem sie ihre aneinandergelegten Hände in die Hände ihrer Herren legten. Diese Geste sollte Treue und friedliche Absichten zum Ausdruck bringen und schien daher auch Gott gegenüber als besonders angemessen. Heute wird meist argumentiert, das Händefalten trage zur Konzentration bei, da die Hände sich so nicht nebenbei mit anderen Dingen beschäftigen können – ein Ausdruck dafür also, dass der Beter nun zur Ruhe kommen und seine Aufmerksamkeit auf Gott richten will. Das Händefalten mit ineinander verschlungenen Fingern als Variante wurde wohl erst in der Reformationszeit üblich, wobei sich allerdings nicht sagen lässt, ob dieser Haltung ursprünglich auch eine besondere Bedeutung zugeschrieben wurde. Gebetshaltungen können also die innere Haltung zum Ausdruck bringen, in der wir Gott gegenübertreten; verbindliche Vorschriften, wie das geschehen müsse, gibt es nicht. Wenn Jesus darauf hinweist, dass das Beten »im Verborgenen« geschehen solle, macht er dadurch nur deutlich, dass es gerade nicht darum gehen kann, sich mit auffälligen Gesten möglichst fromm zu präsentieren. Beten ist nichts Äußerliches, sondern ein privates, intimes Vor-Gott-Treten des Menschen. Ein echtes Gebet kommt ebenso wenig durch Äußerlichkeiten wie Händefalten zustande wie durch besonders gut auswendig gelernte Sätze. Was zählt, ist die innere Haltung und offene Bereitschaft Gott gegenüber. Dann wird das Beten durch das Beten selbst erfahrbar und die Gebetshaltungen ergeben sich je nach Situation und Anliegen ganz von selbst.

Jesus wurde in **BETHLEHEM** geboren

»Zu Bethlehem geboren« singen Kirchenbesucher alljährlich im Weihnachtsgottesdienst und verfolgen im von den Kindern der Gemeinde stolz aufgeführten Krippenspiel, wie Josef mit der hochschwangeren Maria nach Bethlehem zieht. Nach langer vergeblicher Herbergssuche kommt Jesus dort in einem Stall zur Welt – das weiß doch jedes Kind. Wieso also sollte das ein Irrtum sein? Weil an anderer Stelle der Bibel von Nazareth als Herkunftsort Jesu die Rede ist. »Jesus, der Nazarener« heißt es da, oder »Jesus von Nazareth«. Schaut man sich die Evangelien genauer an, stellt man fest, dass sich Erzählungen über die Geburt Jesu nur bei Lukas und Matthäus finden, und nur dort ist auch von Bethlehem als Geburtsort die Rede. Wohnort Josefs und die Heimat der Familie hingegen war nach diesen Evangelien das kleine Dorf Nazareth, in dem auch Jesus »aufgewachsen war« (Lukas 4,16).
Aber das heißt doch noch nicht, dass Jesus dort geboren wurde, könnten aufmerksame Weihnachtsgottesdienstbesucher jetzt einwenden, schließlich musste Josef damals doch wegen einer Steuerschätzung nach Bethlehem: »Es begab sich aber zu der Zeit, dass ein Gebot von dem Kaiser Augustus ausging, dass alle

Welt geschätzt würde ...« (Lukas 2,1). Stimmt. Aber einiges spricht dafür, dass es den beiden Evangelisten gar nicht darum ging, historische Tatsachen zu schildern, sondern darum, schon in den Geburtsgeschichten die Bedeutung, die Jesus ihrer Meinung nach hatte, hervorzuheben.

Nach Jesu Tod wuchs bei seinen Anhängern trotz seines schmachvollen Kreuzestodes der Glaube, Jesus sei der im Alten Testament angekündigte Messias. Außerdem nahm, mit wachsendem zeitlichem Abstand, auch das Interesse an Jesu Lebensgeschichte über die kurze Zeit seiner Wanderpredigertätigkeit hinaus zu. Was aber tun als Evangelienschreiber, wenn so gut wie keine Informationen über die Kindheit Jesu vorliegen? Sie griffen die Legenden auf, die sich unter den ersten Christen verbreitet hatten, und verknüpften sie im Sinne des Glaubens mit Informationen, die schon gleich zu Beginn des Evangeliums die Bedeutung Jesu deutlich machen. »Und du, Bethlehem Efrata, die du klein bist unter den Städten in Juda, aus dir soll mir der kommen, der in Israel Herr sei« (Micha 5,1), heißt es im Alten Testament, und auf diese Verheißung beruft sich Matthäus (Matthäus 2,6) ausdrücklich, wenn er Jesus in Bethlehem geboren sein lässt. Lukas betont, Jesus komme aus der »Stadt Davids« (Lukas 2,4); auch dies ist für die Menschen seiner Zeit, die die alttestamentlichen Schriften kannten, ein deutlicher Hinweis auf die Bedeutung Jesu: Aus Bethlehem, der Stadt Davids, des ersten großen Königs Israels, sollte der Überlieferung nach der Messias kommen.

Fakt ist: Die Weihnachtsgeschichten fanden erst recht spät Eingang in die Überlieferung. Da zu Lebzeiten Jesu und auch in den ersten Jahren nach seinem Tod keinerlei Interesse an einer Beschreibung seiner Kindheit vorhanden war, wissen wir heute nichts historisch Nachprüfbares über die Geburt Jesu. Sehr wahrscheinlich aber gehören unsere romantisch-schönen Vorstellungen von der Heiligen Familie im sternenbeschienenen Bethlehemer Stall ins Reich der Legenden und Jesus ist in Nazareth zur Welt gekommen und aufgewachsen. Die Geburtsgeschichten setzen den Glauben der ersten Christen an Jesus als den Messias schon voraus und wollen, indem sie von Bethlehem als Geburtsort erzählen, diesen Glauben gleich zu Beginn bekunden: Jesus ist der Erlöser, auf den das Judentum schon Jahrhunderte wartete.

Die **BIBEL** ist ein Geschichtsbuch

Immer wieder behaupten Menschen, die Bibel sei ein von Gott inspiriertes Buch. Den Schreibern der Bibel seien die Texte also unter Einwirkung des Heiligen Geistes aus der Feder geflossen. Daher sei natürlich auch alles, was in der Bibel stehe, unumstößlich wahr. Wie ein nach heutigen Vorstellungen von historischer Wahrheit geschriebenes Geschichtsbuch lesen sie die Bibel und stellen daraufhin zum Beispiel fest, die Welt müsse tatsächlich in sechs Tagen von Gott erschaffen worden sein, dies könne erst rund 6000 Jahre her sein und die Dinosaurier, von denen es ja nun mal tatsächlich Knochenfunde gibt, obwohl von ihnen in der Bibel gar nicht die Rede ist, seien während der Sintflut ertrunken.
Kann man derartige Ansichten beim Stand der heutigen Wissenschaften überhaupt noch vertreten? In Amerika und zunehmend auch bei uns in Deutschland meinen sogar einige Politiker wieder, man könne und müsse es, damit die Welt nicht in Chaos und Unglauben versinke. Wie kann das sein? Und ist es für einen gläubigen Christen wirklich notwendig, alles, was in der Bibel steht, wörtlich für wahr zu halten? Nein, sei hier schon gleich zu Anfang zur Beruhigung gesagt. Denn bei genauerem Hinsehen wird jedem Bibelleser klar werden, dass ein Wörtlichnehmen schon wegen der vielen widersprüchlichen Aussagen in den unterschiedlichen Texten der Bibel so gut wie unmöglich ist. Die Widersprüchlichkeiten und die sich daraus ergebenden Anfragen

an die Bibeltexte führten im Laufe des 19. Jahrhunderts zu einer neuen Einstellung gegenüber der Bibel. Sie galt nicht mehr unbedingt als von Gott inspiriert, sondern wurde als Buch angesehen, in dem Menschen von ihren Glaubenserfahrungen mit Gott berichten. Die sogenannte historisch-kritische Bibelauslegung entwickelte sich, bei der mit unterschiedlichsten Methoden versucht wird, einen angemessenen Zugang zu den Texten zu finden. Dabei macht man sich bewusst, dass das Verstehen von Texten immer ein sehr komplexer Vorgang ist, besonders, wenn diese in ganz anderen geschichtlichen und gesellschaftlichen Zusammenhängen entstanden. Um die Texte wirklich zu verstehen, muss man demnach immer auch fragen, was der Text für die Menschen in der damaligen Situation und mit deren Lebenserfahrungen aussagte, und sich außerdem bewusst machen, dass wir heute in ganz anderen Kontexten leben, was wiederum Einfluss auf unser eigenes Textverständnis hat.

Wer sich einmal klar gemacht hat, dass den Menschen zu biblischen Zeiten unsere Vorstellungen von historischer Wahrheit völlig fremd waren und dass es ihnen daher auch gar nicht darum gehen konnte, ein heutiger Wissenschaft genügendes Geschichtsbuch zu schreiben; wer sich klar gemacht hat, dass die Bibel aus vielen zu unterschiedlichen Zeiten und in unterschiedlichen Kontexten entstandenen Einzelbüchern und -texten besteht, dem wird auch schnell klar: Die Bibel kann gar kein lexikonartig zu gebrauchendes Nachschlagewerk für göttliche Wahrheiten sein.

Was bei Vertretern der Inspirationslehre zu Erschrecken, entschiedenem Widerstand und Untergangsfantasien ob des vermeintlich dadurch zerbrochenen Glaubensfundaments führt, kann dem weniger einseitig denkenden Leser gerade erst den besonderen Reichtum an menschlichen Erfahrungen vor Augen führen, der in der Bibel festgehalten wurde. In vielfältigen Bildern und Mythen berichten Menschen hier von ihrer Begegnung mit dem Wirken Gottes. Dass diese Geschichten nicht mit den Maßstäben heutiger historischer Wissenschaft zu vereinbaren und nicht nach heutigen Wahrheitsmaßstäben zu beurteilen sind, muss nicht befremden. Wer nicht davon ausgeht, die Bibel sei vom allwissenden Gott diktiert, muss sie auch nicht wörtlich für wahr nehmen. Die Erfahrungen, die in den Geschichten und Bildern der Bibel zum Ausdruck gebracht werden, sollten diesem Anspruch nie genügen und können trotzdem wahr sein.

Beim Abendmahl wird **BLUT** getrunken

Die Evangelien erzählen, dass Jesus kurz vor seinem Tod zum Passafest nach Jerusalem zog. Dort hat er, wie so häufig an unterschiedlichen Orten und mit unterschiedlichen Menschen, mit seinen Jüngern ein letztes Mal zusammen gegessen. Offensichtlich ahnte er schon, dass er nicht mehr lange leben würde, denn diesmal sprach er, als er Brot und Wein verteilte, ganz besondere Worte, die sowohl in den Evangelien als auch durch Paulus überliefert sind. Bei Markus ist zum Beispiel zu lesen, als Jesus den Kelch mit dem Wein herumreichte, habe er gesagt: »Das ist mein Blut des Bundes, das für viele vergossen wird« (Markus 14,24). Haben die Jünger damals also tatsächlich Jesu Blut getrunken und tun Christen das beim Abendmahl auch heute noch? Es war doch Wein im Kelch, wie soll der sich denn in Jesu Blut verwandelt haben? Über diese Fragen wurde und wird immer wieder diskutiert. In der Frühzeit des Christentums jedoch gab es noch keine so großen Irritationen, denn dem Denken der damaligen Zeit war eine strikte Unterscheidung zwischen Symbol und Wirklichkeit fremd. Wer symbolisch etwas tat, hatte zugleich auch teil an der durch das Symbol repräsentierten Wirklichkeit. Dass weder die Jünger noch die ersten Christen Jesu Worte so verstanden haben, dass es hier tatsächlich um das reale Trinken von Blut gehen könnte, wird schon deutlich, wenn man sich bewusst macht, dass

Jesus Jude war. Juden glauben, dass im Blut die Lebenskraft der Menschen und Tiere steckt, über die ausschließlich Gott verfügen darf. Deswegen ist im Judentum auch bis heute der Verzehr von blutigem Fleisch tabu. Auch in Jesu Ausspruch, wie ihn Markus festhält, scheint es nur auf den ersten Blick tatsächlich um das Trinken von Blut zu gehen. Auf den zweiten Blick stellt man fest, dass das Blut ja erst noch »vergossen wird«, also beim letzten Abendmahl nicht im Kelch gewesen sein kann. Jesus weist mit seinen Worten vielmehr schon auf seinen bevorstehenden Kreuzestod hin. Da die Abendmahlsworte Jesu zunächst mündlich überliefert wurden und die Menschen dabei wohl mehr auf das inhaltlich Gemeinte und weniger auf den genauen Wortlaut achteten, sind heute in den Evangelien und bei Paulus unterschiedliche Formulierungen zu finden. Schaut man sich die Formulierung an, die Paulus im Brief an die Korinther festhält, wird noch deutlicher, dass Jesus und auch den ersten Christen hier gar nicht in den Sinn kam, es könne um den tatsächlichen Genuss von Blut gehen. Hier geht es eindeutig um den Kelch, der herumgereicht wird, um den neuen Bund, den Gott durch Jesu blutigen Kreuzestod mit den Menschen schließen wird, und um die Aufforderung, solche Mahlgemeinschaften, in denen Brot und Wein geteilt werden, im Gedächtnis an Jesus auch in Zukunft gemeinsam zu wiederholen.

Brot und Wein stehen also symbolisch für Jesus, der, wenn Menschen das Abendmahl feiern, auch nach seinem Tod an diesen Mahlgemeinschaften in besonderer Weise teilhat. Für die ersten Christen war eine solche Vorstellung selbstverständlich. Der Streit darüber, wie man sich das denn nun genau vorzustellen habe, begann erst im Mittelalter, als Symbol und Wirklichkeit langsam ihre enge Verbindung verloren.

C — Jesus war der erste **CHRIST**

Dieser Irrtum hält sich besonders hartnäckig. Es klingt ja so plausibel: Wer Christus genannt wird und die Religion des Christentums begründet hat, muss doch der erste Christ gewesen sein! Falsch gedacht, denn Jesus war und blieb bis zu seinem Tod Jude; und ob er tatsächlich eine neue Religion begründen wollte, muss stark bezweifelt werden. Wie aber kam es dann dazu, dass sich das Christentum entwickelte? Und wer war der erste Christ, wenn nicht Jesus?

In den Evangelien wird deutlich: Jesus war Jude, genau wie seine Eltern. Er wuchs in der jüdischen Tradition auf und befolgte deren Sitten und Gebote. Er kannte die Heiligen Schriften der Juden genau und feierte wie alle Juden das Passafest. Er stellte sich nicht gegen das Judentum, sondern glaubte an den Gott, von dem in der Tora die Rede ist, und er wollte die alten jüdischen Gesetze auch nicht aufheben, sondern sagte: »Ihr sollt nicht meinen, dass ich gekommen bin, das Gesetz oder die Propheten aufzulösen; ich bin nicht gekommen aufzulösen, sondern zu erfüllen« (Matthäus 5,17). Jesu Botschaft ist nur vor dem Hintergrund der jüdischen Vorgeschichte und den schon im Alten Testament anklingenden Vorstellungen richtig zu verstehen. Jesus rechnete, wie viele andere Juden damals, zum Beispiel auch sein Vorgänger Johannes der Täufer, mit dem baldigen Untergang der Welt und dem Anbrechen des Reiches Gottes. Von diesem Gottesreich wollte er den Menschen erzählen und sie darauf vorbereiten. Dabei richtete er seine Botschaft hauptsächlich an das jüdische Volk, schloss aber dennoch niemanden aus, der bereit war, zu glauben. Als eine Kanaanäerin zu ihm kommt und um

Hilfe für ihre kranke Tochter bittet, sagt er zunächst: »Ich bin nur gesandt zu den verlorenen Schafen des Hauses Israel« (Matthäus 15,24). Als er allerdings sieht, wie groß der Glaube dieser Frau ist, hilft er ihrer Tochter dennoch. An dieser Geschichte lässt sich auch das Besondere an Jesu Einstellung erstarrten Vorstellungen und alten Traditionen gegenüber erkennen. Er nahm sie zwar ernst, wurde aber nur noch um ihrer selbst willen auf Gebote gepocht, maß er sie an ihrem Nutzen für den Glauben und das Leben der Menschen und wendete sich, wenn er keinen Nutzen erkennen konnte, unbekümmert dagegen. So tolerierte er zum Beispiel die Tatsache, dass seine Jünger gegen die Reinheitsvorschriften beim Essen verstießen. Darauf angesprochen, konterte er: »Es gibt nichts, was von außen in den Menschen hineingeht, das ihn unrein machen könnte; sondern was aus dem Menschen herauskommt, das ist's, was den Menschen unrein macht« (Markus 7,15). Mit solchen Sätzen und Einstellungen wollte Jesus die erstarrten Strukturen einer zu starken Prinzipienreiterei durchbrechen, nicht aber eine neue Religion gründen. Da er allerdings offensichtlich mit sehr starker Ausstrahlung und Überzeugungskraft predigte und lehrte, gab es bald immer mehr Menschen unter den Juden, die ihn für den ersehnten Messias hielten, den Retter, der ein neues Zeitalter herbeiführen sollte. Jesus selbst hat nie behauptet, dieser Messias zu sein, es aber auch nicht abgestritten. Kurz vor seinem Tod vom Statthalter gefragt, ob er denn nun der erwartete König der Juden sei, antwortete er zweideutig: »Du sagst es« (Matthäus 27,11).

Jesus sah sich als Jude in jüdischer Tradition. Erst als seine Botschaft und die Geschehnisse um Jesu Tod und Auferstehung die Menschen so sehr beeindruckten, dass sie ihn als den erwarteten Messias ansahen, war die Grundlage für eine neue Religion, das Christentum, gelegt. Zunächst jedoch dauerte es noch viele Jahre, bis das Christentum nicht mehr als jüdische Sekte, sondern als eigenständige Religion angesehen wurde, deren Gemeinden nicht nur jüdische Christen, sondern auch Heidenchristen angehörten. Hauptverantwortlich für diese Öffnung den Heiden gegenüber war Paulus, der sich mit seiner Ansicht, das Evangelium sei nicht nur für Juden gedacht, gegen Petrus durchsetzte. Paulus war zudem der einzige »Apostel«, der Jesus gar nicht persönlich gekannt hatte, sondern durch ein Visionserlebnis zum Glauben gekommen war. Man könnte also mit gutem Recht sagen, nicht Jesus, sondern Paulus war der erste Christ.

Um **CHRIST** zu sein, muss man Kirchenmitglied sein

»Für Katholiken ist die Kirche eine Mutter, für Protestanten ein Problem« – mit dieser treffenden These leitet ein evangelisches Schulbuch ein Kapitel mit dem Titel »Dennoch brauchen wir die Kirche« ein. Die Aussage bringt es auf den Punkt: Viele Christen haben heute ein gespaltenes Verhältnis zur Institution Kirche – Protestanten in anderer Weise als Katholiken. Und die Frage, wozu wir die Kirche eigentlich brauchen, kann – bis auf die katholische Kirche selbst – kaum noch jemand eindeutig beantworten.

Wie kam es in den Konfessionen zu so unterschiedlichen Einstellungen der Kirche gegenüber? Muss ich tatsächlich Kirchenmitglied sein, um Christ sein zu können? Und wenn nicht – wozu brauchen wir die Kirche dann noch?

Die katholische Kirche vertritt ein nahezu unverrückbares Selbstverständnis. Sie versteht sich als von Jesus selbst begründet und ihre Ämter führt sie in ununterbrochener Folge auf Petrus als den »Felsen« zurück, auf den Jesus seine Gemeinde habe gründen wollen (Matthäus 16,18). Daher stehe es ihr und nur ihr kraft ihrer Dienste und Ämter zu, den Glauben und die Sakramente in der richtigen Weise an die Menschen zu übermitteln. »Außerhalb der Kirche kein Heil«, sagte schon der Kirchenvater Tertullian (ca. 150–230 n. Chr.), und Cyprian (ca. 200–258 n. Chr.) fügte hinzu: »Es kann nicht Gott zum Vater haben, wer nicht die Kirche zur Mutter hat.« Aus der Sicht der katholischen Kirche steht also fest: Nur wer sich uneingeschränkt ihren Traditionen und Lehren unterstellt, kann wirklich Christ sein. Dass ihr dennoch immer wieder Schäfchen unterkommen, die das nicht ganz so sehen, zeigt der »Fall« Martin Luther. Seine Kritik galt nicht nur dem Ablasswesen, sondern auch genau dieser Selbstdefinition der katholischen Kirche als alleinige Heilsvermittlerin. Nicht auf das Für-wahr-Halten kirchlicher Lehren und das Befolgen von Riten komme es an, sondern allein auf das Wort Gottes und den Glauben des einzelnen Menschen, meinte er. Dennoch hielten auch die Reformatoren die Kirche nicht für überflüssig. Luthers Freund Melanchthon bezeichnet die Kirche im »Augsburger Bekenntnis« als »Versammlung aller Gläubigen, bei denen das Evangelium rein gepredigt und die heiligen Sakramente dem Evangelium gemäß dargereicht werden«. Von Menschen gemachte und nicht biblisch begründbare Rituale und Dogmen jedoch hielt er für überflüssig. Die Kirche erscheint also als Gemeinschaft, in der der Glaube geteilt und in Predigt und Sakramenten Gemeinschaft auch mit Gott gesucht wird. Brauchen Christen das für ihr Christsein, wenn es doch letztlich »nur« auf den Glauben und die eigene Hinwendung zu Gott ankommt? Nein, werden viele darauf antworten, glauben kann ich auch ohne Kirche. Und die Kirchen? Angesichts des Mitgliederschwundes in Zugzwang, versteigen sie sich im Kleinen wie im Großen allzu oft in möchtegernaktuelle Aktionen, die alles in den Vordergrund zu stellen scheinen, nur nicht ihre eigentliche Botschaft. Die Botschaft vom auferstandenen Christus, die zu Beginn des Christentums so viele Menschen zu faszinieren vermochte, gerät aus Angst, an Einfluss zu verlieren oder nicht »up to date« zu sein, immer weiter in den Hintergrund. Während in lutherischen Gemeinden zu Halloween Köpfe des Reformators aus Kürbissen geschnitzt werden, ertönen aus konservativer und freikirchlicher Richtung Rufe nach einem sittsameren »bibeltreuen« Leben, um die Welt vor ihrem endgültigen Versinken in Sünde und Chaos zu bewahren. Gemischt mit den oft welt- und lebensfremd erscheinenden Auftritten und Äußerungen offizieller Kirchenvertreter in den Medien ergibt das kein besonders anziehendes Bild von Kirche, das sich in den Köpfen der Menschen festsetzt. Nachvollziehbar, dass sich Sinnsuchende doch lieber alleine auf den Weg machen, den Glauben zu finden.

Wer allerdings lange genug auf der Suche war, mag zwischen den unzähligen Angeboten spiritueller Erfahrungsmöglichkeiten der heutigen Zeit vielleicht irgendwann wieder auf eine Kirchengemeinde treffen. Vielleicht ist es dann eine, in der er sich heimisch fühlen kann, eine, die sich statt auf Aktionismus oder Schwarzweißmalerei auf ihre eigentlichen Wurzeln besinnt: auf die Gemeinschaft zwischen den Gläubigen und mit Gott, für die das Abendmahl ein schönes Symbol ist, die die alten Erzählungen der Bibel über Erfahrungen ganz normaler Menschen mit Gott und mit Jesus ohne moralischen Zeigefinger weitererzählt. Vielleicht kann der Suchende dann entdecken, was Kirche wirklich ausmacht. Kirche ist weder nur ein »heiliges« Gebäude noch eine weltentfremdete Institution. Kirche ist tatsächlich vor allem Gemeinschaft der Gläubigen. Glaube ist nicht nur Privatsache. Wenn jeder nur denkt und glaubt, was er für richtig hält, wird das, was den Glauben ausmacht, plötzlich austauschbar und löst sich in Beliebigkeiten auf. Glaube ist auch kaum lehr- und lernbar ohne glaubende Vorbilder und Erfahrungsaustausch.

Es gibt sicher viele Christen, die sich aufgrund nachvollziehbarer Argumente von einer der institutionalisierten Kirchen trennen und dennoch weiter Christen bleiben. Nein, Kirchenmitglied muss man nicht sein, um Christ zu sein. Aber zum Christsein und zum Glauben gehören auch Gemeinschaft und Austausch, nicht in Gehorsam und unbedingtem Einverständnis mit allen Lehren und Riten, sondern in Freiheit und fruchtbarer Auseinandersetzung mit den Traditionen und Glaubenserfahrungen von heute und zu biblischen Zeiten. Kirche kann – wenn sie in der Schnelllebigkeit und Unübersichtlichkeit unserer Zeit weder ihre Wurzeln noch ihre Offenheit für sinnvolle neue Gedanken verliert – hierfür den Rahmen bieten und ein Bollwerk gegen die Beliebigkeit sein.

Es ist leicht zu definieren, wer ein **CHRIST** ist

Vom christlichen Abendland ist viel die Rede, in deren Unterton die Botschaft mitschwingt: Der Islam passe eigentlich nicht in diese Region. Oder habe sich gefälligst der christlichen Prägung des Abendlandes anzupassen. Die aggressive Variante dieser Haltung war in Österreich zu sehen: »Abendland in Christenhand« lautete dort ein Wahlspruch einer rechten Partei, millionenfach plakatiert. Der dazugehörige Kandidat hielt auf Kundgebungen gerne ein Holzkreuz neben sein Gesicht. Was unter anderem die Frage aufwirft: Dokumentiert sich Christsein darin, dass jemand ein Kreuz trägt? Woran erkennt man, dass diejenigen, die sich Christen nennen, auch wirklich Christen sind?
Jede Antwort auf diese Frage zieht einen Schweif weiterer Fragen nach sich. Definiert sich Christsein an der Gottesdienstteilnahme? Dann sähe es um die Christenheit in Deutschland wie im gesamten Abendland düster aus, denn weniger als zehn Prozent der Kirchenmitglieder besuchen regelmäßig Gottesdienste. Ist ein Christ derjenige, der sich selbst so bezeichnet? Und was, wenn er sich zwar Christ nennt, aber nicht die Aussagen des verbindlichen Glaubensbekenntnisses anerkennt? Oder aus der Kirche austritt, aber weiter in christlichem Sinne glaubt? Gibt es »Essentials«, deren Befolgung unabänderlich zum Christsein dazugehören – wenn ja, welche? Wäre eines, dass sich Christen an der Botschaft Jesu orientieren sollten? Dann müsste etwa die

evangelische Kirche in Deutschland fast die Hälfte ihrer Mitglieder exkommunizieren, denn so viele halten dies nicht für das entscheidende Merkmal. Die Taufe gilt den meisten Menschen als Kriterium des Christseins – aber was sagt die schon über das gelebte Leben aus? Über Dreiviertel aller Befragten nannten in einer Umfrage das »Bemühen, ein anständiger und zuverlässiger Mensch zu sein« für einen ausreichenden Beweis des Christlichen. Besteht ein Ausweg aus dem Dilemma womöglich darin, die Christlichkeit eines Menschen quasi in Prozenten zu unterscheiden – mit der Folge, Gläubige in »Voll-» und »Halb-», »Taufschein-» und »Bekenntnis«-Christen einzuteilen?
Vor vielen Jahren erlag ein evangelischer Theologiestudent der Versuchung, Glauben zu messen. Er meinte, seinen Theologieprofessor überführen zu können, und stellte öffentlich die Frage, wie christlich dieser denn sei. Der inzwischen verstorbene renommierte Neutestamentler reagierte gelassen und humorvoll: Dass er liebend gerne selbst auf diese Frage eine Antwort hätte, um seinen »alten Adam« besser kennenzulernen. Leider sei er enttäuscht worden. Er schrieb: »Den reichlich pauschalen Anklagen konnte ich nur entnehmen, dass er wie ich selber mit meiner Christlichkeit unzufrieden ist.«
Der Professor drückte in seiner verbalen Retourkutsche eine urchristliche Einsicht aus: Um den eigenen Glauben kann man sich bemühen, man kann ihn pflegen, kann ihn besten Gewissens an- und wieder ablegen. Nur eines kann ein Christ nicht: sich seines Glaubens sicher sein. Das ist der tiefe Sinn eines im Markusevangelium überlieferten Spruchs: »Ich glaube, hilf meinem Unglauben!« (Markus 9,24)

CHRISTUS ist der Nachname von Jesus

Meier, Müller, Christus? Jesus Christus, klar, das klingt doch wie ein Vor- und ein Nachname! Nachnamen gehen bei uns heute oft auf Berufs- oder Herkunftsbezeichnungen zurück oder benennen eine Besonderheit, die einem unserer Vorfahren zueigen war. Ursprünglich wurden sie den Allerweltsvornamen angehängt, um die verschiedenen Georgs und Sonjas besser unterscheiden zu können. Auch Jesus war zu biblischer Zeit ein sehr geläufiger Vorname unter den Juden. Es wäre also nicht verwunderlich, wenn Jesus sich selbst einen ähnlichen Namenszusatz gegeben oder von seinen Mitmenschen bekommen hätte. Schaut man in die Evangelien, stellt man fest, dies war, wenn auch selten, sogar der Fall. Die Menschen kannten Jesus offensichtlich als Zimmermann – sein eigentlicher Beruf – oder auch als den Jesus aus Nazareth – sein Heimatdorf. Viel öfter jedoch wird Jesus in allen Schriften des Neuen Testaments als »Christus« bezeichnet. Was ist das für ein seltsamer Namenszusatz, dem auch wir als Christen unseren Namen verdanken? Und warum wurde Jesus so genannt? Ein Nachname ist es jedenfalls nicht, auch wenn er schon für die ersten griechischsprachigen Christen, die mit der jüdischen Tradition nicht vertraut waren, so geklungen haben mag. Das aus dem Griechischen stammende Wort »Christos« ist eine Übersetzung des aramäischen Wortes »Messias«, was auf Deutsch »der mit Öl Gesalbte« bedeutet. In der jüdischen Tradition wurden Könige und Priester ursprünglich mit kostbarem Öl gesalbt, um deren besondere Verbindung zu Gott herauszustellen. Zur Zeit Jesu verbanden die Menschen mit einem »Messias« eine besondere Rettergestalt, die am Ende der Zeit kommen, die herrschenden Verhältnisse beenden und das Reich Gottes aufrichten sollte. Die Menschen, die Jesus also schon zu Lebzeiten Christus nannten, verknüpften diese Erwartungen mit seiner Person. Sein unrühmlicher Kreuzestod enttäuschte diese Hoffnungen zunächst, nach seiner Auferstehung jedoch begannen die Menschen zu glauben, dass Jesus, gerade weil er den Tod überwinden konnte, tatsächlich der Messias gewesen sein musste. Noch heute glauben Christen an seine Wiederkunft am Ende der Zeit, an dem er sein Werk beenden werde. Der Namenszusatz Christus ist also kein Nachname, sondern ein besonderer Titel und eine Glaubensaussage der Christen. So wie Petrus erkannte: »Du bist Christus, des lebendigen Gottes Sohn!« (Matthäus 16,16).

D

DOGMEN sind das Fundament des Glaubens

Dogmen sind feststehende Lehrsätze oder -meinungen, die endgültige Wahrheit und Unumstößlichkeit für sich beanspruchen; im christlichen Sinne also die für die jeweilige Konfession als verbindlich festgelegten Glaubensaussagen. Die katholische Kirche räumt diesen Lehrmeinungen einen sehr hohen Stellenwert ein: »Das Lehramt ist […] unfehlbar, wenn der Papst und die Bischöfe in ihrem ordentlichen Lehramt übereinstimmend eine Lehre als endgültig vorlegen. Solchen Lehren muss jeder Gläubige im Glaubensgehorsam anhängen«, heißt es zum Beispiel ziemlich gestelzt im Katechismus der katholischen Kirche. Soll heißen: Bibel und Tradition sind für die katholische Kirche zwar die Grundlage für die Formulierung ihrer Lehrsätze, interpretieren und festlegen können diese Glaubenswahrheiten aber nur der Papst und die Bischöfe. Und was einmal festgelegt wurde, gilt als endgültig wahr und ist, wie beispielsweise die »unbefleckte Empfängnis« Marias, dann von allen Katholiken auch in alle Ewigkeit so zu glauben. Zwar stellt die Bibel also auch bei den Katholiken grundsätzlich das Fundament des Glaubens dar, der normalsterbliche Katholik kann, wenn er sich an die Regeln der Kirche hält, jedoch nicht selbst, sondern nur vermittelt über die Lehre von Papst und Bischöfen auf diese Grundlage zugreifen. Was dem Katholiken eine Erleichterung sein mag, da er so nicht selbst herumrätseln und sich mit Widersprüchen auseinandersetzen muss, sondern immer genau weiß, was ihm die Kirche als wahr oder falsch vorgibt, ist dem Protestanten völlig fremd. Auch in den evangelischen Kirchen werden zwar unterschiedliche Bekenntnisse als verbindlich angesehen, grundsätzlich gelten diese Aussagen jedoch als menschlich bedingt und daher auch offen für Interpretationen und Änderungen. Luther hatte schon in seinen 95 Thesen die Rolle der Kirche als Vermittlerin zwischen biblischer Überlieferung und Gläubigen scharf kritisiert. Er stellte auch später heraus, der gläubige Christ bedürfe einer solchen Vermittlung nicht, sondern sei sehr wohl selbst in der Lage, die biblischen Schriften angemessen auszulegen, wenn sie ihm nur in verständlicher Form zugänglich gemacht und nicht vorenthalten würden. Man solle sich dabei nicht auf kirchliche Lehrmeinungen, sondern allein auf seinen Glauben, die Bibel, Jesus Christus und die Gnade Gottes verlassen.

Sind Dogmen als Fundament des Glaubens für evangelische Christen also unvorstellbar? Auch in evangelischen Kreisen gibt es zunehmend wieder Gemeinschaften, die viel rigoroser noch als die römisch-katholische Kirche Glaubenssätze festlegen. Da wird die Bibel zur unbedingt wörtlich zu interpretierenden Grundlage der Lebensgestaltung, und sogenannte »Gaben des Heiligen Geistes«, die besonderen Begabungen von Menschen der Bibel ähneln, werden zu eindeutigen Zeichen des Erwähltseins. Die Evolutionslehre wird verworfen, da sie nicht mit den Überlieferungen der Bibel übereinstimmt, und es wird gefordert, die Kinder nur noch nach der Bibel zu unterrichten. Versprechen solch eindeutig formulierte Glaubenssätze zunächst Sicherheit und Klarheit darüber, was denn nun richtig und falsch sei in unserer unübersichtlichen Welt, führen sie andererseits auch gefährlich schnell zu Stagnation, Verschlossenheit und Angst gegenüber allem, was den eigenen Grundsätzen nicht entspricht. Christen tun also gut daran, sich an die Richtschnur Luthers zu erinnern und ihre eigene Glaubensmündigkeit nicht zugunsten von Dogmen aufzugeben. Die Bibel, nicht kleinkariert wörtlich, sondern als Fundus von Erzählungen der Menschen über Gott und ihren Glauben an ihn verstanden, reicht als Glaubensgrundlage völlig aus. Nur wenn sich der christliche Glaube nicht verstrickt in die eigenen Dogmen und von der Welt absondert, kann er offen bleiben für konstruktive Auseinandersetzungen mit den Anfragen und Gegebenheiten der heutigen Zeit. Selbst denken und glauben ist da gefragt. Das kann anstrengender sein als stumpfes Repetieren von Dogmen – aber auch viel spannender.

E
Christen dürfen Sex nur in der **EHE** haben

»Wahre Liebe wartet«, fordert eine gleichnamige Gruppierung unter Berufung auf angeblich christliche Moralvorstellungen und verteilt Karten an junge Menschen, auf denen sie mit ihrer Unterschrift ihre sexuelle Enthaltsamkeit bis zur Ehe versprechen können. Auch in anderen fundamentalistisch ausgerichteten Gemeinschaften gilt außer- und vorehelicher Geschlechtsverkehr als Unzucht. Er führe zu Geschlechtskrankheiten und ungewollten Schwangerschaften, wird da behauptet, und es werden strenge Regeln für eine »reine Liebe« aufgestellt, die es gottgewollt nur innerhalb der Ehe geben könne. Dabei beruft man sich auf die Bibel und fordert Reinheit und Verzicht als Gegenmodell zu einer als bedrohlich und zu freizügig empfundenen Umwelt. Wer seinen Begierden nachgibt, sündigt demzufolge. Und auch der Katechismus der katholischen Kirche antwortet auf die Frage »Welche Verstöße gegen die Würde der Ehe gibt es?« unter anderem: »vor- und außerehelicher Geschlechtsverkehr«. Zudem lässt die katholische Kirche Sexualität nur gelten, wenn es dabei vor allem um die Zeugung von Nachwuchs geht; sobald Lustgefühle die Oberhand gewinnen, ist auch Sünde mit im Spiel.
Wie aber kam es zu diesen heute so weltfremd erscheinenden Vorstellungen von Sexualität und Moral? Die Bibel jedenfalls macht zu diesem Thema keine so klaren Aussagen, wie es die Verfechter der Enthaltsamkeit gerne herausdeuten. Um Sittlichkeitsgefühle und Moral oder die Gleichsetzung von Lust und Sünde geht es ihr nicht. Spricht das Alte Testament von Sex außerhalb der Ehe, geht es meist um eherechtliche Fragen. Eine vor

der Ehe entjungferte Frau ließ sich schlichtweg kaum noch verheiraten. Die deutlichste Aussage zum Thema im Neuen Testament macht Paulus. Da die Christen in den ersten Jahren nach Jesu Tod davon ausgingen, das Ende der Welt stehe unmittelbar bevor, rückte der Gedanke an Fortpflanzung und Sex in den Hintergrund. Paulus hält daher ein enthaltsames Leben für ideal. »Um Unzucht zu vermeiden« (1. Korinther 7,2), sollten diejenigen, die die Enthaltsamkeit nicht durchhalten konnten, besser heiraten. Der eigentliche Anstoß für die Herabwürdigung der Sexualität zu einem rein innerehelichen Zeugungsakt kam jedoch von Augustinus (354–430). Der Kirchenvater, der in seiner Jugend selbst ein sehr ausschweifendes Leben geführt hatte, entwickelte später geradezu eine Abneigung gegen Sex und meinte, die von Adam und Eva ausgehende Erbsünde werde beim lustvollen Geschlechtsverkehr auf die Nachkommen übertragen. Lustgefühle sollten folglich unterbunden und Sexualität nur noch als notwendiges Übel zur Fortpflanzung innerhalb einer Ehe geduldet werden. Vom 18. Jahrhundert an trat dann im Bürgertum noch die Vorstellung hinzu, unterdrückte Lustgefühle ließen sich in Kreativität und Produktivität umleiten und so viel sinnvoller nutzen.

Erotische Liebe und Lust aus reiner Freude waren fortan ein Tabu. Stattdessen war Sex nun mit Unsicherheiten und Schuldgefühlen verbunden. Erst mit der sogenannten »sexuellen Revolution«, die mit der Einführung der Pille in den sechziger Jahren des vorigen Jahrhunderts einsetzte, begann eine gegenläufige Entwicklung, die auch durch die wachsende Gefahr einer Ansteckung mit HIV seit den Achtzigern nicht aufzuhalten war. Sex ließ sich nun völlig unabhängig von dem Gedanken an Nachwuchs vorstellen und diese Freiheit wurde und wird ausgiebig genutzt.

Sex ist allgegenwärtig, wird vermarktet und überall zur Schau gestellt. Wer nicht so früh wie möglich daran teilhat, fühlt sich schnell ausgeschlossen oder meint, etwas zu verpassen. Immer früher lassen sich Jugendliche auf sexuelle Erfahrungen ein, bei

denen es nur selten um dauerhafte Liebe oder Verbindlichkeit geht. Sex wird zum Konsumgut. Größtmöglicher Lustgewinn wird angestrebt und setzt die Beteiligten unter ständigen Leistungsdruck. Immer neue Anreize müssen her, echtes Gefühl tritt in den Hintergrund.
Angesichts dieser Entwicklung reagieren konservative und fundamentalistische Kreise mit ihrem Ruf nach Rückkehr zu einer angeblich gottgewollten, biblisch begründeten Moral.
Der Lustverzicht kann die Lösung für unsere heutige Zeit allerdings auch nicht sein. Sexualität gehört wesentlich zum Menschsein dazu. Verantwortungsvoller Umgang damit verträgt weder Unterdrückung und Zwang noch rücksichtslose Übertreibungen. Um die eigene Sexualität entdecken und einen verantwortungsvollen Umgang mit sich und dem Gegenüber entwickeln zu können, brauchen Menschen Frei-, aber auch Schutzraum. Die Ehe, die diesen Raum traditionell bereitstellte, muss heute nicht mehr unbedingt das einzig richtige Modell dafür sein. Dennoch: Für erfüllte Sexualität, in der es nicht nur um den immer neuen Kick geht, sondern die sich in einem echten Liebesverhältnis in gegenseitigem Respekt immer neu entdecken und vertiefen kann, braucht es ein Mindestmaß an Verbindlichkeit, Vertrauen und Gemeinschaft auch in die Zukunft hinein.

Engel gehören ins Gebiet der **ESOTERIK**

Gibt man heute in einer Internetsuchmaschine den Begriff »Engel« ein, stößt man auf eine Flut an Darstellungen von rosa umstrahlten zartgliedrigen Frauengestalten mit wehendem Haar und überdimensionalen Flaumschwingen. Gütig blicken sie dem Betrachter entgegen, während auf den von lieblichem Geklimper unterlegten Webseiten selbsternannte »Medien«, die der deutschen Sprache und Rechtschreibung oft kaum, wohl aber der Kommunikation mit solchen Lichtgestalten mächtig zu sein scheinen, ihre Dienste anpreisen. Der Rat der Engel in Finanz- und Liebesangelegenheiten wird dort angeboten, Kontakt zu Engeln, die mit Verstorbenen kommunizieren, Heilungen durch Engel und Engelsorakel – es bleibt kaum ein Wunsch offen, solange man nur bereit ist, einen »Unkostenbeitrag« an das Medium zu zahlen.

Die Mehrzahl der Deutschen glaubt an Engel. Für viele scheint ein diffuser Engelsglaube zu einer Art Religionsersatz zu werden, der Schutz und eine schnelle Erfüllung der eigenen Hoffnungen verspricht, ohne dass man sich großartig mit einem übergeordneten Glaubenssystem auseinandersetzen müsste.

Woher aber kommen diese Vorstellungen? Gehören Engel tatsächlich nur in das Gebiet der Esoterik oder spielen sie auch im christlichen Glauben eine Rolle? Und wenn ja, was unterscheidet die christlichen Vorstellungen von den naiven Himmelsgestalten der esoterischen Spökenkieker?

Der Glaube an Engelwesen, die zwischen den Sphären des Göttlichen und Menschlichen vermitteln, ist fast allen Religionen gemeinsam. Auch in der Bibel kommen sie vor, sogar an entscheidenden Stellen. Mal stellen sie sich in den Weg, um Menschen von bestimmten Vorhaben abzuhalten, mal treten sie als Wächter auf – so zum Beispiel an den Toren des Paradieses, nachdem Adam und Eva es verlassen mussten, oft tauchen sie in Grenzsituationen des Lebens auf, kündigen Geburten an und erzählen den Frauen nach Jesu Tod von dessen Auferstehung. Auch von den Schutzengeln, die in der christlichen Volksfrömmigkeit später eine große Rolle spielen sollten, ist schon im Alten Testament die Rede: Gott »hat seinen Engeln befohlen, dass sie dich behüten auf allen deinen Wegen, dass sie dich auf den Händen tragen und du deinen Fuß nicht an einen Stein stoßest« (Psalm 91,11f). Ihren verschiedenen Aufgaben entsprechend gab es in alttestamentlicher Zeit noch ganz unterschiedliche Bezeichnungen für diese Wesen. Diese unterschiedlichen Vorstellungen

fassen wir heute mit dem Wort »Engel« zusammen, das auf das griechische »angelos« zurückgeht und übersetzt »Bote« bedeutet. Damit wird auch die Hauptaufgabe, ja vielleicht sogar das Wesen der Engel deutlich: Engel sind Übermittler zwischen Gott und den Menschen, sie sind quasi selbst Botschaft. In der Kunst der ersten Jahrhunderte wurden sie daher meist noch als männliche Gestalten ohne Flügel und mit einem Schriftstück in der Hand dargestellt. Dies änderte sich erst, als im ausgehenden Mittelalter Vorstellungen von griechischen Göttergestalten Einfluss auf die Darstellungsweise nahmen. Nun wurden Engel immer häufiger als »Putten« dargestellt, die in ihrem Aussehen eher an kleine dralle Kinder erinnern – ein Vorläufer der heute häufig so verkitschten Darstellungsweisen.
Die Wesensbeschreibung der Engel als Boten oder Botschaft macht auch die Problematik esoterischer Engelsvorstellungen deutlich. Hier werden Engel oft personalisiert und zu einer Art kleiner Götter und Wunscherfüller erhoben. Solche Vorstellungen widersprechen christlichem Glauben. Und dennoch können Engel auch hier und heute noch eine wichtige Rolle spielen. Engel lassen sich zwar nicht objektiv nachweisen, aber dennoch erfahren. Sie tauchen dort auf, wo etwas Transzendentes, etwas aus dem göttlichen Bereich, in unsere scheinbar so geschlossene und erklärbare Lebenswelt hineinwirkt.

Durch **EVA** kam die Sünde in die Welt

Ein vor allem unter Männern sehr beliebter Irrtum. Bei der Vorstellung einer nackten Eva im Paradies kann Mann doch nur auf sündige Gedanken kommen! Adam aber dachte sich zunächst einmal nichts. Wie man im Paradies so vor sich hinlebt, lebten Adam und Eva dort in Unschuld nichtsahnend in die Tage hinein, dösten im Grase nebeneinander oder naschten von süßen Früchten und hielten sich an das Verbot, die Früchte vom Baum der Erkenntnis, den Gott mitten in den Paradiesgarten gepflanzt hatte, zu essen. Bis die Schlange kam. Denn »da sprach die Schlange zur Frau: an dem Tage, da ihr davon esst, werden eure Augen aufgetan, und ihr werdet sein wie Gott und wissen, was gut und böse ist. Und die Frau sah, dass von dem Baum gut zu essen wäre und dass er eine Lust für die Augen wäre und verlockend, weil er klug machte. Und sie nahm von der Frucht und aß und gab ihrem Mann, der bei ihr war, auch davon und er aß. Da wurden ihnen beiden die Augen aufgetan und sie wurden gewahr, dass sie nackt waren, und flochten Feigenblätter zusammen und machten sich Schurze« (1. Mose 3,4ff). Als Gott am Abend seinen Spaziergang durch den Paradiesgarten machte und Adam mit seinem Feigenblatt hinter einem Busch versteckt fand, wusste er gleich, welch neue Gedanken Adam nun hatte, und stellte ihn zur Rede. Adam jedoch wies die Schuld von sich und meinte, Eva sei die Übeltäterin gewesen, schließlich habe sie ihm die Frucht ja gegeben. Und obwohl Eva die Schuld auf die Schlange abschob, die sie ja erst auf die Idee gebracht habe, und obwohl Adam schließlich auch freiwillig hineingebissen hat: Bis heute ist Eva es, der vorgeworfen wird, die Sünde in die Welt gebracht zu haben. Findige Theologen wie Balthasar Hubmaier (ca. 1480–1528) meinten zum Beispiel, Adam habe natürlich gewusst, dass er da gegen Gottes Verbot handelte. Gegen sein Gewissen habe er jedoch die Frucht von Eva angenommen, damit die sich nicht aufregte. Selbstverständlich hätte er lieber nicht hineingebissen und wäre stattdessen seiner männlichen Neigung zur Vernunft und Tugend gefolgt. Armer Adam. Wer aber war nun tatsächlich schuld, dass Gott die Menschen mit dem Rauswurf aus dem Paradies bestrafte? Adam, Eva oder die Schlange? Vielleicht sogar Gott selbst – schließlich hat der den Baum ja so verlockend mitten ins Paradies gepflanzt? Eigentlich hätten sich die Männer ihre Jahrhunderte langen Bemühungen und spitzfindigen Ausreden sparen können, mit denen sie meinten, unbedingt Eva die Schuld anlasten zu müssen. Um die Schuldfrage geht es in dieser Erzählung nämlich gar nicht. Etwas ganz anderes versucht die Geschichte zu zeigen. Dass die Menschen, die Gott nach seinem Ebenbild geschaffen hat, schon immer mit ihrer Schuldigkeit zu kämpfen hatten und dass diese Schuld die Kehrseite des (Selbst-)Bewusstseins ist, das den Menschen anders als den Tieren eigen ist. Das Paradiesleben war ein Leben im dumpfen Nebel der Unschuld – schön und langweilig. Die Schlange weckte in Eva die Neugier nach mehr. Mit der Erkenntnis, die den Menschen infolgedessen zuteil wird, geht allerdings auch die Selbstverantwortlichkeit einher. Wer Gut und Böse unterscheiden kann, kann auch bewusste Entscheidungen treffen und seine Unzulänglichkeiten und Fehler erkennen. Wer bewusst Entscheidungen treffen kann, kann sich auch bewusst gegen Gott stellen und damit sündig werden. Die Erzählung vom Sündenfall erklärt nicht, wie es dazu kam, sie stellt nur fest: Der Mensch lebt nicht mehr im Zustand der Unbewusstheit und kann nie wieder dahin zurück. Der Weg zurück ins bequeme Paradies-Einerlei ist versperrt. Von nun an ist das Leben mühsam, gefährlich und anstrengend. Die Sehnsucht nach den paradiesischen Bequemlichkeiten bleibt. Doch ist dies nur ein Unglück? Man kann es auch anders sehen: Ohne Evas Neugier wüsste heute niemand, wie es außerhalb des Paradieses aussieht. Unsere Erkenntnisfähigkeit macht uns zwar zu Sündern, unser Streben danach, Gott ähnlich werden zu wollen, beschert uns die oft deprimierende Erkenntnis unserer eigenen Unzulänglichkeiten. Aber erst durch die Erkenntnisfähigkeit ist der Mensch aus seinem langweiligen Paradiesschlummer aufgewacht. Erst dadurch werden Lernen, (Selbst-)Entdeckung und Entwicklung möglich. Man könnte also auch sagen: Adam wurde erst dadurch zu einem selbstverantwortlich denkenden und erkennenden Menschen, dass Eva ihre Neugier mit ihm teilte.

F

Im **FASTEN** zeigt sich die Leibfeindlichkeit der Christen

»7 Wochen Ohne« – an der Fastenaktion der evangelischen Kirche nehmen jährlich Millionen Menschen teil. Anknüpfend an die alte Tradition des Fastens in den 40 Tagen der Passionszeit von Aschermittwoch bis Ostern, nehmen sich die Menschen für diese Zeit vor, nicht nur auf ungesunde Nahrungs- und Genussmittel, sondern auch auf unliebsame Angewohnheiten zu verzichten. Nachdem das Fasten aufgrund seines nach katholischem Verständnis verpflichtenden und im Zusammenhang mit der Buße angeblich Heil verschaffenden Charakters von den Protestanten lange Zeit abgelehnt wurde, erfreut es sich heute auch auf evangelischer Seite wieder wachsender Beliebtheit.

Woher aber kommen diese Traditionen im Christentum? Und können wir dem Fasten heute tatsächlich wieder neuen Sinn abgewinnen oder bleibt es ein Ausdruck typisch christlicher Leibfeindlichkeit und Selbstverleugnung?

In vielen Religionen gibt es Zeiten, in denen Menschen auf Nahrungsmittel oder bestimmte Verhaltensweisen verzichten. Oft dienen diese Zeiten des Fastens oder der Enthaltsamkeit der bewussten Vorbereitung auf wichtige Ereignisse. In der christlichen Tradition gibt es ursprünglich zweimal im Jahr Fastenzeiten. Seit dem vierten Jahrhundert wurde auch 40 Tage vor Weihnachten gefastet. Die eigentliche Fastenzeit ist jedoch die vorösterliche Bußzeit, die am Aschermittwoch beginnt und in der Osternacht endet. Die Dauer von 40 Tagen wird zurückgeführt auf die 40 Tage, die Jesus in der Wüste verbracht haben soll, wo er »vierzig Tage und vierzig Nächte gefastet« (Matthäus 4,2) hat. Ansonsten scheint Je-

sus allerdings nicht übermäßig viel vom Fasten gehalten zu haben. Als »Fresser und Weinsäufer« (Matthäus 11,19) wird er von seinen Gegnern sogar beschimpft. Er scheint gerne zu feiern und speist oft mit seinen Jüngern und anderen Menschen zusammen. Den Menschen, die gerne fasten möchten, rät er, sie sollten das für sich tun und dabei »nicht sauer dreinsehen« (Matthäus 6,16), bloß um ihre fromme Leistung zur Schau zu stellen. Von Jesus kann die Idee des Fastens und der Verleugnung der Körperlichkeit also kaum ausgegangen sein. Für ihn war die Zeit des Gottesreiches im Kommen, das war für ihn ein Grund zur Freude und kein Anlass zum Verzicht. Auch in der nachösterlichen Gemeinde hat eine asketische Lebensweise wohl zunächst kaum eine Rolle gespielt.
Aus der hellenistischen Umwelt flossen allerdings auch in die christlichen Gemeinden bald Vorstellungen ein, die alles Leibliche dem Geistigen unterordneten und eine asketische Lebensweise forderten, um dadurch eine größere Nähe zu Gott zu erreichen. Wenig später zogen die ersten Mönche des Christentums, die Wüstenväter, in die Wüste, um sich dort ohne Besitz und andere Abhängigkeiten ganz auf Gott zu konzentrieren. Viele von ihnen lebten nur von einem Vorrat trockenen Brotes und den wenigen Pflanzen und Kräutern, die sie rund um ihre Einsiedeleien fanden. Dass eine asketische Lebensweise sich unter den Christen nun immer weiter verbreitete, zeigen auch die Äußerungen früher Kirchenschriftsteller, die ausführliche Anweisungen für ein asketisches Leben verfassten.
In der katholischen Kirche ist die Fastenzeit eine Zeit der Buße und Umkehr. Vor allem wird auf Fleisch und andere tierische Produkte verzichtet, aber auch auf Süßigkeiten, Kaffee oder Alkohol. Es soll in dieser Zeit mehr gebetet, an Gottesdiensten teilgenommen und gespendet werden. Mindestens einmal im Jahr, in der österlichen Bußzeit, sollen Katholiken auch zur Beichte gehen. Die Reformatoren lehnten ein als gutes Werk verstandenes Fasten nach Vorschriften ab. Der Schweizer Reformator Ulrich Zwingli hat sich zu Beginn der traditionellen katholischen Fastenzeit sogar bei einem demonstrativen Wurstessen gezeigt; er hat sich zwar selbst nicht

beteiligt, die Idee aber unterstützt. Wie auch Luther betonte er die Freiwilligkeit des Fastens. Nur wenn sich das Fasten positiv auf das eigene (Glaubens-)Leben auswirke, sei es sinnvoll, es komme nicht darauf an, bestimmte Vorschriften zu befolgen. Zudem solle man lieber ganz auf das Fasten verzichten, wenn es der körperlichen Gesundheit nicht zuträglich sei, meinte Luther. Nachdem dem Brauch aufgrund dieser Einstellung bei den Protestanten lange Zeit keine besondere Bedeutung beigemessen wurde, wird der Sinn des Fastens heute auch in der evangelischen Kirche wieder entdeckt. In Anlehnung an Luther wird das Fasten allerdings nicht allein auf bestimmte Speisevorschriften beschränkt, sondern es geht vor allem darum, sich eingefahrener Gewohnheiten bewusst zu werden. Das Fasten entschlackt nicht nur den Körper, in Zeiten der Reizüberflutung kann es Körper und Seele gut tun, den gewohnten Lauf der Dinge eine Weile zu unterbrechen, zur Ruhe zu kommen und sich und sein Verhältnis zu den Mitmenschen und zu Gott zu überdenken. Durch Verzicht und Zeit zur Besinnung können sich neue Sichtweisen ergeben und man wird sich bewusst, was wirklich wichtig ist. So verstandenes Fasten ist sicher kein Ausdruck von Leibfeindlichkeit. Im Gegenteil – wer verzichtet und Platz schafft für neue Erfahrungen, kann beginnen, sich und seine Rolle in der Welt ganz neu wahrzunehmen. Körper und Seele werden Ballast los, man beginnt, befreit und neu wahrzunehmen, hinzuhören, zu sehen, zu fühlen und zu schmecken. Fasten tut Leib und Seele gut.

Nach dem Tod müssen die Menschen ins **FEGEFEUER**

In unzähligen mittelalterlichen Bildern wird das Fegefeuer in buntesten Farben ausgemalt. Menschen stehen an dunklen Orten inmitten von Flammen und recken in der Hoffnung auf baldige

Erlösung aus diesen Qualen ihre Hände in die Höhe. Manchmal kommt ein Engel herbeigeflogen und trägt einen der Geläuterten in den Himmel. Der Katechismus der katholischen Kirche beschreibt das Fegefeuer als »Zustand jener, die in der Freundschaft Gottes sterben, ihres ewigen Heils sicher sind, aber noch der Läuterung bedürfen, um in die himmlische Seligkeit eintreten zu können«. Dahinter steht die Vorstellung, dass Menschen, die in ihrem Erdenleben für ihre Verfehlungen noch nicht ausreichend gebüßt haben, so nicht vor Gott treten können und daher nach ihrem Tod erst noch einen Läuterungsprozess durchlaufen und sich mit den Verfehlungen ihres Lebens auseinandersetzen müssen. Das Fegefeuer wäre demnach also ein Durchgangsstadium zum Himmel und keinesfalls mit der Hölle zu verwechseln. »Die Gläubigen, die noch auf Erden pilgern«, können »den Seelen im Purgatorium (= Fegefeuer) helfen, indem sie Fürbitten und besonders das eucharistische Opfer, aber auch Almosen, Ablässe und Bußwerke für sie darbringen«, fährt der Katechismus der katholischen Kirche fort. Und spätestens an dieser Stelle setzt von protestantischer Seite lautstarker Protest ein. Durch gute Taten sich und anderen schnell und bequem einen Platz im Himmel sichern? Nein! Schon Luther hat doch erkannt, dass das weder möglich noch nötig ist. Und außerdem: Wenn Gott den Gläubigen die Sünden allein durch seine Gnade vergibt, wozu sollte dann überhaupt noch ein Läuterungsprozess nach dem Tod nötig sein? Vom Fegefeuer ist erstens in der Bibel an keiner Stelle die Rede, stellen Protestanten fest, und zweitens ist es überflüssig. Gott verspricht den Gläubigen seine Gnade schon hier und jetzt, da braucht es nicht noch eine verlängerte Entscheidungsfrist nach dem Tod. Und schon gar keine Feilscherei um die Länge dieser Frist. Wer aus himmlischer Perspektive auf sein Leben zurückblickt, dem wird auch ohne Fegefeuer bewusst, dass er nicht perfekt war.

Christen beachten das Gebot der **FEINDESLIEBE**

»Liebt eure Feinde und bittet für die, die euch verfolgen« (Matthäus 5,44). »Wenn dich jemand auf deine rechte Backe schlägt, dem biete die andere auch dar. Und wenn dich jemand nötigt, eine Meile mitzugehen, so geh mit ihm zwei« (Matthäus 5,39ff), sagt Jesus in der Bergpredigt und stellt damit eine radikale Forderung auf, die unter Christen aller Zeiten zu kontroversen Diskussionen und gegensätzlichen Positionierungen führte. Während der ehemalige Ratsvorsitzende der Evangelischen Kirche Deutschlands Kurt Scharf die Bergpredigt als »Regierungserklärung Jesu« bezeichnete, erklärte Bundeskanzler Helmut Schmidt zur Zeit des Kalten Krieges in Anlehnung an Otto von Bismarck: »Mit der Bergpredigt kann man keine Politik machen.« Ist die Forderung der Feindesliebe also völlig unrealistisch oder ein realer Anspruch an uns? Gehört sie allein in den privaten Bereich oder soll sie vor allem unser öffentliches Zusammenleben bestimmen? Was sagt uns das Gebot heute angesichts von Terrorwarnungen und militärischen Einsätzen in Afghanistan? Und wie kann man es überhaupt befolgen, ohne durch blinde Universalliebe sich selbst und alle, die sich nicht selbst helfen können, erst recht zu Opfern zu machen?

Eindeutig beantworten lassen sich diese schwierigen Fragen nicht. Menschliches Leben ist auf all seinen Ebenen immer schon und immer wieder von Konflikten, Feindschaften und Gewalt geprägt. Gegen empfundenes Unrecht sich selbst oder der eigenen Gemeinschaft gegenüber tatkräftig vorzugehen, scheint völlig normal zu sein, und von solchen Situationen wird auch in der Bibel immer wieder berichtet. Dabei gibt es schon im Alten Testament unterschiedliche Gebote, die dazu auffordern, den Nächsten – und dazu gehören auch Fremde und Feinde – nicht zu hassen, sondern ihm freundlich und hilfsbereit entgegenzutreten, damit man sich nicht selbst schuldig mache, sondern dem

Gegenüber das eigene Verhalten bewusst werde. An diese Gedanken knüpft Jesus mit seiner Forderung an und spitzt sie auf die Feindesliebe zu. Provokativ lässt er sie ohne weitere Erklärungen stehen und macht dadurch den Kontrast zur alltäglichen Lebenswelt umso deutlicher. Das hat schon früh dazu geführt, dass Ausleger versuchten, die Radikalität der Forderung durch Interpretationen zu mildern. Während die ersten Christen den Kriegsdienst ablehnten und Feindesliebe oft bis in ihren eigenen Märtyrertod übten, meinte schon der Kirchenlehrer Origenes (185–254), es könne hier nur darum gehen, den Feind nicht zu hassen. Mittelalterliche Theologen behaupteten, die Forderungen der Bergpredigt seien nur für Geistliche und nicht für das normale Volk bestimmt, und Luther war überzeugt, sie beziehe sich nicht auf das öffentliche, sondern ausschließlich auf das private Leben der einzelnen. Zudem könne den Menschen vor dem Hintergrund des scheinbar unerfüllbaren Anspruchs ihr Angewiesensein auf die Gnade Gottes bewusst werden.

Diese Relativierungen führten schnell dazu, dass die Christen die Feindesliebe nicht mehr sonderlich ernst nahmen und dass sie in ihrem Leben kaum eine Rolle spielte. So konnte der Theologe und Arzt Albert Schweitzer Anfang des 20. Jahrhunderts feststellen, Jesus habe mit dem baldigen Anbruch einer neuen Zeit gerechnet, seine Forderungen seien nie für einen längeren Zeitraum gedacht gewesen und daher auch nicht praktikabel. Dietrich Bonhoeffer dagegen sah in der Bergpredigt nur wenige Jahre später den Aufruf zu einer kompromisslosen Nachfolge Jesu; und auch Mahatma Gandhi und Martin Luther King beriefen sich bei ihren gewaltfreien Aktionen auf die Bergpredigt. Moderne Theologen betonen vor allem den Einspruchscharakter der Bergpredigt gegen Gewalt und Unrecht.

Unzählige Theorien und Ausdeutungen also – Jesus jedoch hat das, was er da forderte, wohl ganz genau so gemeint, wie er es sagte. Er war überzeugt davon, dass das Gottesreich bereits im Kommen sei. Alle sind daher zur Umkehr aufgefordert. Das, was die zukünftige Welt ausmachen wird, kann schon jetzt spürbar werden, wenn alte Verhaltensmuster überdacht und durchbrochen werden. Schon hier und jetzt kann Solidarität und Gerechtigkeit auch Fremden und Feinden gegenüber geübt werden, schon jetzt kann das Kommende in Gemeinschaft lebendig werden. Dass man seine Feinde lieben und ihnen auch die andere Wange hinhalten soll – wie das aussehen kann, zeigt Jesus in seinem Leiden und Sterben. Noch am Kreuz bittet er Gott um Vergebung für seine Peiniger: »Vater, vergib ihnen, denn sie wissen nicht, was sie tun« (Lukas 23,34).

Aber wie viel Selbstverleugnung und Heuchelei verlangt mir das ab? Geht das überhaupt, einen Feind lieben? Und wollen meine Feinde überhaupt von mir geliebt werden? Es kann hier nicht um Liebe auf Befehl und das Übergehen der vorhandenen Feindschaften und Konflikte zwischen den Menschen gehen; auch nicht darum, die Opfer von Ungerechtigkeit zugunsten der geforderten Liebe zu den Tätern einfach zu übersehen. Es geht nicht um ein bloßes Gefühl universeller Liebe, das in passive Tatenlosigkeit oder Selbsterniedrigung mündet, sondern es geht um konkretes Handeln, um aktive Gewaltfreiheit, um gewaltfreie Provokation. Feindesliebe bedeutet, auch in dem Fremden die Fähigkeit zur Umkehr zu erkennen, auch er ist von Gott erschaffen, mit ähnlichen Wünschen und Bedürfnissen. Wenn ich Fremdheit und Distanz überwinde, kann ich im anderen vielleicht auch mich selbst erkennen. Wer statt der erzwungenen Meile freiwillig auch noch eine zweite mit dem Feind geht, überrascht ihn vielleicht, bringt ihn zum Nachdenken über die Situation und sich selbst, schafft Raum für ein Gespräch, macht sich dem anderen bekannt und hebt ein Stück der Fremdheit auf, die so oft zu Angst und Abgrenzung führt. »Entfeindungsliebe« nannte der jüdische Religionswissenschaftler Pinchas Lapide das. Liebe ignoriert Feindschaft nicht, kann aber dazu befähigen, sie zu überwinden.

Dennoch, ein solches Verhalten beendet Feindschaft in der Realität nur sehr selten, solange es einseitig bleibt. Es fordert auch nicht zu grundsätzlicher Widerstandslosigkeit auf und endet da, wo es in sinnlose Selbstaufgabe mündet. Den Nächsten zu lieben wie sich selbst (Lukas 10, 27), bedeutet eben nicht, ihn mehr zu lieben als sich selbst. Nur wer verantwortungsvoll mit sich umgeht, kann auch den anderen lieben, ihn nicht mehr nur als den Auslöser für die Feindschaft sehen und beginnen, mit ihm und nicht gegen ihn nach Lösungen zu suchen. So kann vielleicht eine Grundlage geschaffen werden für die Durchbrechung der Gewaltspirale. Mit Gewalt jedenfalls lassen sich Konflikte nicht dauerhaft lösen. Jesu Gebot der Feindesliebe provoziert, stellt die gewohnte Realität in Frage und ruft Christen dazu auf, dort alternative Wege zu suchen und zu gehen, wo ansonsten kaum noch ein Ausweg gesehen wird. Und dennoch bleibt es eine schwierige Herausforderung, die uns unsere eigenen Grenzen aufzeigt. »Being loved creates a new person«, meinte der Amerikanische Theologe Daniel D. Williams. Christen wissen sich von Gott bedingungslos geliebt und angenommen, vor diesem Hintergrund können Christen schon hier und jetzt etwas von der Hoffnung darauf spürbar werden lassen, dass Feindschaft und Gewalt nicht das letzte Wort behalten.

FUNDAMENTALISMUS ist nur ein Problem des Islam

»Wie gefährlich ist der Islam?« Eine große deutsche Zeitschrift veröffentlichte diese Schlagzeile auf ihrem Titel. Die Anschläge des 11. September 2001 wirken nach. Islamistische Attentäter hatten mit dem Gebet zu Allah auf den Lippen mehr als 3000 Menschen umgebracht. Der Begriff »religiöser Fundamentalismus« gilt seitdem allgemein als Synonym für Fanatiker, die im Namen des Islam ihre Terrorakte ausführen. Jedoch tauchte der Begriff »Fundamentalismus« im Bereich des Christentums auf, zu Beginn des zwanzigsten Jahrhunderts in den Vereinigten Staaten – in einer Zeit, als bahnbrechende wissenschaftliche Erkenntnisse altgewohnte Denkgebäude in Frage stellten. Gegen diese als Modernismus gebrandmarkte Entwicklung protestierten christliche Gruppen, die jene Erkenntnisse und Entdeckungen nicht mir der Bibel in Einklang zu bringen vermochten. Besonders an zwei Erkenntnissen stießen sich diese Christen, die sich selbst den Namen »Fundamentalisten« gaben: An der sich immer mehr durchsetzenden Evolutionstheorie, denn sie widerspräche dem biblischen Schöpfungsbericht. Und an der historisch-kritischen Bibelwissenschaft, die auch die Bibel als literarisches Dokument früherer Menschen erforschte und nicht als von Gott Wort für Wort diktierte Heilige Schrift akzeptierte. Die Fundamentalisten setzten sich dagegen ein für die Irrtumslosigkeit der Bibel, also für ein historisch-faktisches Verständnis auch von Jungfrauengeburt, leiblicher Auferstehung und Wiederkunft Jesu. Die Mehrzahl der heutigen evangelischen Kirchen bezeichnet sich nun als »evangelikal« und vertritt diese beiden »fundamentals«. In Westeuropa, das von der Tradition der religionsskeptischen Aufklärung geprägt ist, finden sie nicht so großen Zulauf wie in Lateinamerika und den USA. Dort bezeichnet sich die Hälfte aller Christen als »born again«, als »wiedergeboren«. Auch ist dort seit den 1990er Jahren die Diskussion um die Einführung der biblischen Schöpfungslehre an den Schulen neu entflammt (»Kreationismus«). Dass christliche Fundamentalisten Gewalt als Mittel zum Zweck anwenden, ist nur in wenigen Fällen belegt. Jedoch haben mehrmals einzelne christliche Fanatiker Ärzte, die Abtreibungen vornahmen, ermordet. Und dennoch: Jesu Gebot der Feindesliebe, eines der bekanntesten Worte der Bibel, scheint stärker zu sein als eine durch Fanatismus verzerrte Form des Christentums. Eine Schlagzeile »Wie gefährlich ist das Christentum?« wäre also schwer denkbar.

GOTT ist allmächtig

»Ich glaube an Gott den Vater, den Allmächtigen, den Schöpfer des Himmels und der Erde«, bekennen Christen. Leicht daher gesagt, leichtfertig sogar: Überall auf der Welt gibt es Katastrophen, Krankheit und Kriege – ein allmächtiger Gott könnte da doch mal eingreifen?! Wo kommt der Glaube an einen allmächtigen Gott her, wenn doch persönliche Erlebnisse und geschichtliche Ereignisse immer wieder vor Augen führen, dass Gott nicht eingreift? Ein allmächtiger Gott, der bewusst leiden lässt – eine grausame Vorstellung, und scheinbar so gar nicht mit der Zusage eines liebenden Gottes vereinbar, der das Wohl der Menschen will. Für viele hängt ihr ganzer Glaube von dieser einen Frage ab: Entweder hilft Gott, wenn ich ihn nur genug bitte – oder er hilft nicht und existiert damit auch nicht. Die Antworten der Theologen auf solche Anfragen der Gläubigen bleiben seltsam blass und wirken ratlos. Vielleicht kommt man der Sache näher, wenn man nicht vom heutigen Allmachtsverständnis ausgeht, sondern überlegt, wie es zur Vorstellung von Gottes Allmächtigkeit überhaupt kam.

Fangen wir also vorne an: Im Alten Testament werden Gottes Macht und sein Eingreifen zwar in vielen Erzählungen beschrieben, der Begriff Allmacht kommt allerdings nicht vor. Er taucht erst mit der Übersetzung der Glaubensinhalte in die griechische Sprache auf und hat seine Bedeutung dabei auch inhaltlich geändert. In der Septuaginta, der rund 200 Jahre vor Jesu Geburt entstandenen Übersetzung des Alten Testaments ins Griechische, wird der hebräische Begriff »zebaoth« mit dem griechischen Ausdruck »pantokrator« wiedergegeben. »Zebaoth«, der »Herr der

Mächte« wurde so zum »Allherrscher«, zum »Allmächtigen«. Im Kontrast zu den Göttern in anderen Religionen und zur politischen Bedrängnis wurde Gott dadurch zum allmächtigen, zum eigentlichen Herrscher der Welt erklärt.
Dies macht deutlich, dass der Allmachtsbegriff vorsichtig zu bedenken ist. Diese Bezeichnung Gottes diente zunächst eher der Abgrenzung gegen Vorstellungen der Umwelt und nicht als eine Wesensbeschreibung Gottes. Hinter dem Begriff steht weniger der Glaube an Gottes absolute Macht, als vielmehr die glaubende Gewissheit, dass nicht die zerstörerischen Mächte dieser Welt das letzte Wort behalten, sondern »Gott, der die Toten lebendig macht und ruft das, was nicht ist, dass es sei« (Römer 4,17). Die Frage danach, wie ein liebender und allmächtiger Gott Menschen unverschuldet leiden lassen kann, ohne einzugreifen, geht also an den ursprünglichen Vorstellungen vorbei. Nicht lieblose Allmacht zeichnet Gott aus, sondern seine Liebe, die letztlich größer ist als die Macht des Leidens. Gott ist weder ein Tyrann, der uns durch ständiges Eingreifen unserer Freiheit beraubt, noch ein lieber Teddybärengott ohne Bedeutung. Er traut sich und den Menschen etwas zu. In Leiden und Sterben Jesu können Christen erkennen: Gott weiß, was Leiden bedeutet. Er leidet mit den Menschen mit.
Liebe bedeutet auch, dem anderen Freiheit und Raum für Entwicklung zu lassen, während pausenloses allmächtiges Eingreifen diese Freiheit zerstören würde.
Leiden und Böses gehören zu dieser Welt. Auf die Frage, warum Gott beides zulässt, könnte man auch mit einer Gegenfrage antworten: Warum lassen Menschen so viel Böses zu? Vielleicht könnte man auch mit Dorothee Sölle sagen: »Gott hat keine anderen Hände als unsere.« Die Freiheit, die er uns geschenkt hat, unser (Selbst-)Bewusstsein und unser Potential zum Lernen und zu Entwicklung, können wir nur nutzen, wenn wir frei sind. Das schließt auch den freien Umgang mit dem Bösen, mit Hilflosigkeit, Angst und Leid ein. Dennoch können Christen sicher sein, dass Gott ihnen darin nah ist, dass er das Böse nicht will und es

letztendlich überwinden wird. Dietrich Bonhoeffer meinte: »Ich glaube, dass auch unsere Fehler und Irrtümer nicht vergeblich sind, und dass es Gott nicht schwerer ist, mit ihnen fertig zu werden, als mit unseren vermeintlichen Guttaten. Ich glaube, dass Gott kein zeitloses Fatum ist, sondern dass er auf aufrichtige Gebete und verantwortliche Taten wartet und antwortet.«
Wenn Gottes direktes Eingreifen in den Lauf der Welt als Kriterium für seine Allmacht verstanden wird, dann ist Gott nicht allmächtig. Ohnmächtig jedoch ist er auch nicht, davon erzählt die Bibel. Gott entspricht nicht menschlichen Kategorien von mächtig oder ohnmächtig; er ist der, als der er sich erweisen wird – JHWH, der »Ich werde sein, der ich sein werde« (2. Mose 3,14).

Von **GOTT** zu reden, ist einfach

Nicht ganz. Von Gott zu reden, bringt nicht wenige Christen in Verlegenheit. Im Glaubensbekenntnis nennen sie zwar Gott »Vater«, »Allmächtigen«, »Schöpfer des Himmels und der Erde«. Zudem bietet die Bibel den Gläubigen viele Bilder: Gott als »Hirte« und »Arzt«, als »Herr der Heerscharen« und »Allerhöchster«. Trotzdem bleiben Unsicherheiten. Schließlich erteilt ein gewichtiges biblisches Gebot allen menschlichen Bildern eine autoritäre Absage: »Du sollst dir kein Bildnis machen.« Wer sich dennoch Gott vorzustellen versucht, sieht sich dogmatischen Lehrsätzen gegenüber, wie sie über Jahrhunderte hinweg von der Kirche formuliert wurden und das Fundament auch heutiger christlicher Kirchen bilden. Zum Beispiel die Dreifaltigkeit (»Trinität«): dass Gott-Vater, Jesus und der Heilige Geist unterschiedlich, aber doch eins sind. Mit diesem »trinitarischen Gottesbild« hat die christliche Theologie drei Wesensmerkmale Gottes beschrieben: die schöpferische Macht, deren der Erde und den Menschen zugewandte Seite sowie die in der Schöpfung fortwährend wirkende göttliche Kraft.

Für den persönlichen Glauben moderner Menschen scheinen solche zweifellos wichtigen Zeugnisse christlicher Gläubigkeit ungeeignet. Denn der speist sich meist nicht nur aus Bibel und Tradition, sondern aus der eigenen Erfahrung. Von vielem ist das Gottesbild abhängig. Vom Lebensalter zum Beispiel, wie die Religionspsychologen festgestellt haben: Kinder denken sich Gott mit menschlichen Zügen, aber allmächtig – eine Vorstellung, die im Erwachsenenalter meist als »naiver Kinderglaube« abgelegt und gegen einen moralischen oder naturalistischen Gott ausgetauscht wird. Alte Menschen nehmen Gott meist als persönliches Gegenüber wahr. »Gott sei Dank gibt es nicht, was sechzig bis achtzig Prozent sich unter Gott vorstellen«, unkte der katholische Theologe Karl Rahner. Denn jenseits aller Bilder bleibt Gott unbegreifbar. »Einen Gott, den ›es gibt‹, gibt es nicht«, so die Erfahrung des Pfarrers Dietrich Bonhoeffer.

Das menschliche Bedürfnis nach Bildern zu verdrängen, wäre jedoch falsch. Denn in vielen wird ein Aspekt Gottes deutlich. Der Wandel von Gottesbildern ist »gesund«, sagen auch Theologen. Gott objektiv beschreiben zu wollen, wäre dagegen eine Anmaßung.

Der christliche Gott besteht eigentlich aus drei **GOTTHEITEN**

Trinität – ein schwieriges Wort für einen noch schwierigeren Sachverhalt. Christen denken sich Gott in den drei Gestalten: Vater, Sohn und Heiliger Geist. Dennoch ist das Christentum, wie auch das Judentum und der Islam, eine monotheistische Religion. Christen glauben also an nur einen Gott. Wie kann das zusammenpassen und wie soll man sich das vorstellen? Die Trinitätslehre findet sich nicht in der Bibel. Sie wurde von Theologen erdacht und ist schon durch den philosophisch-theologischen Sprachgebrauch nur schwer nachvollziehbar.

Mit ihr versucht man, den Glauben an einen Gott, der die Welt erschaffen hat, sich in Christus offenbart hat und im Heiligen Geist gegenwärtig wird, so in Worte zu fassen, dass die Einheit Gottes dabei trotzdem gewahrt bleibt. Dennoch wird dem Christentum unter anderem von islamischer Seite immer wieder vorgeworfen, es verehre in Wirklichkeit drei Götter. Was genau heißt es aber für Christen, wenn sie »auf den Namen des Vaters und des Sohnes und des Heiligen Geistes« (Matthäus 28,19) taufen oder sich zum »dreieinigen Gott« bekennen?

Die ersten Überlegungen bezogen sich seit dem zweiten Jahrhundert auf das Verhältnis zwischen Jesus und Gott, darauf, was das Bekenntnis zu Jesus für den Glauben an Gott bedeute. Wenn Jesus nicht wesenseins mit Gott sei, könne man sich nicht sicher sein, dass sich in seiner Botschaft wirklich Gott finde und dass er zum Heil führe. Daher wurde Jesu Wesenseinheit mit Gott im vierten Jahrhundert als Lehre festgehalten. Etwas später fragte man sich auch, was es mit dem Heiligen Geist auf sich hätte und wie sein Verhältnis zu Gott und Jesus zu bestimmen sei. Auch ihn erklärte die Mehrzahl der Theologen als wesenseins mit Gott.

Es bleibt schwierig, diesen abstrakten Gedanken zu folgen oder sich gar auszumalen, wie das konkret gemeint sein könnte. Fest steht für Christen: Gott ist eine Einheit. Vielleicht kann man es sich so vorstellen: Gott wendet sich den Menschen in Jesus zu und entfaltet im Heiligen Geist seine Wirkung in und unter den Menschen – und bleibt dabei doch immer er selbst. Vielleicht sollte man es auch einfach als theologisches Gedankengebäude ansehen, über das sich zu angestrengtes Nachdenken kaum lohnt. Friedrich D. E. Schleiermacher jedenfalls hielt Gottes Trinität nicht für eine direkte Gotteserfahrung, und der Reformator Philipp Melanchthon meinte: »Die Geheimnisse der Gottheit sind besser anzubeten als zu erforschen.«

Es gibt das **GRABTUCH** Jesu

Im Turiner Dom wird ein großes, mit Flicken, Brand- und Wasserflecken übersätes Leinentuch aufbewahrt, auf dem bei genauem Hinsehen das Bild der Vorder- und Rückseite eines menschlichen Körpers zu erkennen ist. Dieses zunächst unspektakulär scheinende Tuch ist seit Jahrhunderten immer wieder der Auslöser eines unendlich scheinenden Streits zwischen Theologen, Historikern und weiteren Wissenschaftlern, denn es wird von vielen Gläubigen als Grabtuch Jesu angesehen, in dem Jesus nach seinem Tod begraben wurde. Das Markusevangelium erzählt nämlich, Josef von Arimathäa habe sich den Leichnam Jesu von den Römern erbeten und er »kaufte ein Leinentuch und nahm ihn ab (vom Kreuz) und wickelte ihn in das Tuch und legte ihn in ein Grab, das war in einen Felsen gehauen« (Markus 15,46).
Das Turiner Tuch ist der am häufigsten untersuchte historische Gegenstand der Menschheitsgeschichte. Doch weder Herkunft und Entstehungszeit noch die Frage, wie das Bild überhaupt auf das Tuch gekommen ist, konnten bis heute zweifelsfrei geklärt werden. Ist das Grabtuch echt und zeigt es tatsächlich das Aussehen Jesu? Oder ist es nur ein raffiniertes Kunstwerk? Künstlerische Jesusdarstellungen hat es jedenfalls einschneidend beeinflusst. Seit dem Auftauchen des Tuches wurde Jesus fast ausschließlich in Anlehnung an die Abbildung auf dem Tuch dargestellt. Oder war es etwa andersherum und ein geschickter Fälscher hat es hergestellt, der sich an damals gängigen Jesusbildern orientierte?

Zurückverfolgen lässt sich die Geschichte des Turiner Tuches jedenfalls nur bis in das Jahr 1357. Bis es dann 1578 in Turin ankam, wechselte es mehrfach den Besitzer, machte viele Reisen mit und überstand Brände, denen es seine Flecken verdankt. Die Echtheit des Tuches wurde schon damals immer wieder in Frage gestellt und bis heute wird es von der katholischen Kirche vorsichtigerweise nur als Ikone, also als Ehrfurcht erweckendes Bildnis, bezeichnet und nicht als Reliquie.
Als der Fotograf Secondo Pia 1898 bemerkte, dass das Bild auf dem Grabtuch im Negativ viel deutlicher zu erkennen ist, rief er damit die ersten Wissenschaftler auf den Plan, die bis heute nicht müde werden, dem Tuch mit allen erdenklichen Methoden und komplizierten Untersuchungen zu Leibe zu rücken: Experimente mit Abdrücken, Fotografien, Malereien, um festzustellen, wie das Bild aufs Tuch gekommen ist – mal mit mehr, mal mit weniger Erfolg. Altersbestimmungen, die zu gegensätzlichen Ergebnissen kamen, Untersuchungen des Stoffs und der daran befindlichen Pollen und Pflanzenteile. Dabei fand man neben noch nicht vollständig entzifferten Schriftzeichen unter anderem heraus, dass es sich offensichtlich tatsächlich um den Abdruck eines Menschen handelt, der misshandelt und gekreuzigt wurde. Wie und wann der Abdruck allerdings auf das Tuch kam und wen der Abdruck zeigt, bleibt völlig ungeklärt.

H – **HALLELUJA** wird nur in Kirchen gesungen

In unzähligen Kirchenliedern kommt dieses fremdartig klingende Wort vor. »Halleluja« sagt auch manch einer, der nach einem Schrecken erleichtert aufseufzt. Aber was sagt man eigentlich mit diesem Wort aus? Und wird es tatsächlich nur in Kirchen gesungen? Der Ausruf »Halleluja« kommt aus dem Hebräischen und bedeutet so viel wie »Lobet Gott« oder – da das »-ja« als Abkürzung für den Gottesnamen Jahwe steht, der allerdings wegen seiner besonderen Heiligkeit bei den Juden bis heute nicht ausgesprochen, sondern meist durch das Wort »Herr« ersetzt wird – »Lobet den Herrn«.

Obwohl dieser Ausruf im Neuen Testament nur im letzten Buch, der Offenbarung des Johannes, einige Male auftaucht, hat man sich ihn auch in der christlichen Liturgie zueigen gemacht und singt oder betet ihn in den Gottesdiensten. Am häufigsten jedoch findet er sich als einleitendes oder abschließendes Lob in den Psalmen des Alten Testaments. Spätestens mit dieser Erkenntnis wird klar: Nein, »Halleluja« wird nicht nur in Kirchen gesungen. Der Ausruf entstammt der jüdischen Tradition und ist nach Rabbi Josua ben Levi sogar das größte Lob Gottes, da Lob und Gottesname hier in einem Wort zusammengefasst werden. In der jüdischen Tradition antwortete die Gemeinde nach Rezitationen mit »Amen Halleluja«. Erst in Anknüpfung daran hat das »Halleluja« auch in christliche Gottesdienste Einzug genommen. Und in die Populärkultur: Der Song »Hallelujah« des US-Liedermachers Leonard Cohen gehört zu den weltweit am häufigsten interpretierten Popsongs.

Die Elite der Christenheit – Märtyrer und Asketen, Visionäre und Mystiker vereint bei Gott im Himmel. Ihre Aufgabe dort: Vermitteln zwischen den Menschen und Gott, den Schatz ihrer Verdienste der Kirche zur Austeilung an arme Sünder überlassen und ab und an mal ein Wunder wirken. Heiligenaltäre, Reliquienschreine, Wallfahrtsorte. Die Sehnsucht der Menschen nach Wundern und nach konkreten, sinnlich wahrnehmbaren Spuren des Übermenschlichen mitten in der Welt – in der katholischen Kirche wird sie auf vielfältige Art und Weise erfüllt. Ganz besonders deutlich zeigt sich das in der katholischen Form der Heiligenverehrung, die von Protestanten meist mit Befremden und Skepsis beäugt wird. Auch wenn die katholische Kirche immer wieder ausdrücklich betont, Heilige würden nicht angebetet wie Gott, sondern nur verehrt – in der Praxis werden Gräber von Heiligen zu Wallfahrtsstätten und wundertätige Reliquien erfüllen unzählige Gläubige mit Ehrfurcht. Zudem wirkt bis heute ein merkwürdiges Verständnis von Heiligkeit fort, als bedeute Heiligkeit moralische Vollkommenheit, sogar über alles Weltliche erhobene Reinheit und Sündlosigkeit. Luther wandte dagegen mit Recht ein, kein Mensch könne ohne Sünde sein, und warnte immer wieder vor der Gefahr der Heiligenanbetung, die den eigentlichen Glauben an Jesus Christus verdecke.

Völlige Sündlosigkeit war allerdings auch in der katholischen Kirche nie ein Kriterium zur Heiligsprechung, ansonsten wäre ihr Vorrat an guten Taten der Heiligen, den sie an die reuigen Sünder umverteilt, sicherlich längst beträchtlich geschrumpft. Als heilig bezeichnen kann man ursprünglich eigentlich nur das Ehrfurcht hervorrufende Wesen Gottes, das der Welt fremd und nicht nach ihren Maßstäben zu beurteilen ist. Heilig wird man also nicht aus sich selbst heraus, sondern indem man an der Heiligkeit Gottes teilhat. Die Heiligenverehrung geht zurück auf die Märtyrerverehrung des frühen Christentums. Man ging davon aus, dass diese Menschen, die ihr Leben für den Glauben an Jesus Christus gelassen hatten, nach ihrem Tod sofort in den Himmel aufgenommen würden und dort bei Gott Fürsprache halten und für die Menschen eintreten könnten. Bald galt diese Verehrung nicht mehr nur den Märtyrern, sondern auch anderen verstorbenen Glaubensvorbildern: Aposteln, Kirchenlehrern, Bischöfen, Jungfrauen. Heilig war, was vom Volk als heilig verehrt wurde. Um allerdings eine zunehmende Inflation an Heiligen zu unterbinden, richtete die katholische Kirche ein aufwändiges gerichtsähnliches Verfahren zur Heiligsprechung ein. Von nun an erklärte der Papst, nachdem ein »Verteidiger« und ein »Ankläger« das Leben und Sterben der betreffenden Person gründlich durchleuchtet hatten, wer heilig war und wer nicht. Wichtige Kriterien dabei sind bis heute die Frage, ob der Heiligenkandidat schon von einer breiten Volksmenge verehrt wird, ob er ein Märtyrer ist oder ersatzweise ein Wundertäter. Letzteres muss der Kandidat allerdings noch einmal beweisen, bevor er endgültig heiliggesprochen werden kann, und zwar in Form eines medizinischen Wunders, das den Kriterien der katholischen Kirche entspricht. Ungeachtet all dieser Äußerlichkeiten: Wenn Heiligsein nicht heißt, vollkommen zu sein oder werden zu wollen, sondern zu Gott zu gehören, sich von ihm erreichen zu lassen – dann können Menschen, die so gelebt haben, zu Glaubensvorbildern werden. Nicht nur für Katholiken. Heilig werden, Heiliges tun kann kein Mensch allein aus sich heraus. Ein Gebet des Heiligen Augustinus, der bekanntermaßen keinen sonderlich sündlosen Lebenswandel pflegte, macht dies deutlich: »Atme in mir, du heiliger Geist, dass ich Heiliges denke. Treibe mich, du heiliger Geist, dass ich Heiliges tue. Locke mich, du heiliger Geist, dass ich Heiliges liebe. Stärke mich, du heiliger Geist, dass ich Heiliges hüte. Hüte mich, du heiliger Geist, dass ich das Heilige nimmer verliere.«

Pfingsten ist der Geburtstag des **HEILIGEN GEISTES**

Für betrunken wurden sie gehalten, die Mitglieder der Jerusalemer Urgemeinde, als Passanten mitbekamen, wie sie plötzlich in allen möglichen Sprachen durcheinander redeten. 50 Tage nach Ostern, die Gemeinde hatte sich gerade versammelt, da »geschah plötzlich ein Brausen vom Himmel wie von einem gewaltigen Wind und sie wurden alle erfüllt von dem Heiligen Geist und fingen an zu predigen in andern Sprachen, wie der Geist ihnen gab auszusprechen« (Apostelgeschichte 2,2ff). Die Umstehenden dagegen waren sprachlos vor Staunen, denn obwohl alle aus unterschiedlichen Gegenden kamen, konnte jeder in seiner eigenen Sprache verstehen, was da geredet wurde. So ein merkwürdiges Ereignis feiern Christen als drittes großes Fest neben Ostern und Weihnachten? Und was genau feiern sie da eigentlich? Der Name Pfingsten (vom griechischen Pentekost, »der fünfzigste Tag«) sagt nichts über den Inhalt des Festes aus. Dass es nicht der Geburtstag des Heiligen Geistes sein kann, zeigt allerdings schon der Blick auf die ersten Zeilen der Bibel. Der Geist Gottes war nämlich schon von Anfang an da und »schwebte auf dem Wasser« (1. Mose 1,2). Außerdem erinnert manch einer sich vielleicht daran, dass der Heilige Geist ja nicht ganz unbeteiligt gewesen sein soll an Jesu Zeugung. Und bei dessen Taufe kam »der Geist wie eine Taube herab« (Markus 1,10). Die Apostelgeschichte erzählt weiter: »Sie entsetzten sich aber alle und wurden ratlos und sprachen einer zu dem andern: Was will das werden?« (2,12) Offensichtlich war man damals nicht weniger ratlos als heute. Doch Petrus tritt vor die versammelte Menschenmenge und liefert eine Erklärung. Nachdem er den Trunkenheitsvorwurf von sich gewiesen hat, sagt er: »So wisse nun, dass Gott diesen Jesus, den ihr gekreuzigt habt, zum Herrn und Christus gemacht hat. Als sie aber das hörten, ging's ihnen durchs Herz und sie sprachen zu Petrus: Was sollen wir tun? Petrus sprach zu ihnen: Tut

Buße und jeder von euch lasse sich taufen auf den Namen Jesu Christi zur Vergebung eurer Sünden, so werdet ihr empfangen die Gabe des Heiligen Geistes. Denn euch und euren Kindern gilt diese Verheißung und allen, die fern sind, so viele der Herr, unser Gott, herzurufen wird« (Apostelgeschichte 2,36ff). Daraufhin ließen sich viele der Zuhörer taufen – 3000 heißt es an anderer Stelle der Apostelgeschichte – und »blieben beständig in der Lehre der Apostel und in der Gemeinschaft und im Brotbrechen und im Gebet« (2,42). Die Kirche war geboren!
Nicht den Geburtstag des Heiligen Geistes feiern Christen also an Pfingsten, sondern den der Kirche. Als Tag der Ausgießung des Heiligen Geistes kann Pfingsten als Gründungstag der christlichen Gemeinden gesehen werden und als Beginn der Ausbreitung der christlichen Botschaft. Im Kommen des Heiligen Geistes wird deutlich, wie der auferstandene Jesus von nun an Gemeinschaft halten wird mit seinen Anhängern. Mit Jesu Auferstehung und Himmelfahrt ist seine Geschichte noch nicht beendet, sondern sie setzt sich in der Geschichte der Christen fort. Die Kraft, die mit dem Heiligen Geist bei den Jüngern Jesu ankam und mit der sie seine Botschaft plötzlich verkündeten, ist ein Zeichen dafür.

Die **HÖLLE** existiert

Die Hölle als Ort der ewigen Verdammnis, unvorstellbarer Qualen und Strafen: Über Jahrhunderte hinweg wurde dies in unzähligen Schilderungen und Gemälden in glühenden Farben ausgemalt, die drohende Höllenpein versetzte die Menschen in Angst und Schrecken. In den letzten Jahrzehnten wurde es immer stiller um die Hölle, weil der Blick eher auf den gnädigen, liebenden Gott gerichtet wurde. Heute allerdings werden vor allem aus fundamentalistischen Kreisen wieder vermehrt Stimmen laut, die all jenen mit Höllenstrafen und ewiger Verdammnis drohen, die sich nicht bewusst und in der vermeintlich einzig richtigen Art und Weise zu Jesus bekennen.

Woher aber kommen diese Vorstellungen von einer Hölle als Ort der Verdammnis? Existiert sie wirklich oder wurde sie nur erdacht, um Menschen Angst einzujagen und sie manipulieren zu können?

Das Alte Testament kennt keine Hölle als Ort ewiger Strafen. Das Tal Gehinomm jedoch, eine Schlucht südlich von Jerusalem, in dem bei heidnischen Kulten Kinder als Brandopfer dargebracht worden sein sollen und das später als Schindanger diente, auf den Überreste toter Tiere und die Körper von Verbrechern geworfen wurden, wurde im Laufe der Zeit zur Grundlage unserer Höllenvorstellungen. In regelmäßigen Abständen mussten die dort hinterlassenen sterblichen Überreste verbrannt werden – im Höllenfeuer brennende Leiber der Sündigen, ein Bild, das sich bis heute erhalten hat. Auch im Neuen Testament finden sich Aussagen, die unsere Vorstellungen von der Hölle beeinflusst haben. »So wird es auch am Ende der Welt gehen: Die Engel werden ausgehen und die Bösen von den Gerechten scheiden und werden sie in den Feuerofen werfen; da wird Heulen und Zähneklappern sein« (Matthäus 13, 49f), heißt es zum Beispiel, oder: »Geht weg von mir, ihr Verfluchten, in das ewige Feuer, das bereitet ist dem Teufel und seinen Engeln!« (Matthäus 25,41). Schon die frühen Kirchenväter verfassten drastisch ausgemalte Höllenschilderungen. Augustinus steuerte die Vorstellung von einer ewigen Verdammnis in der Hölle bei, die von der katholischen Kirche heute noch vertreten wird. »Die schlimmste Qual der Hölle besteht im ewigen Getrenntsein von Gott«, heißt es im Katechismus der katholischen Kirche. Während Reformator Johannes Calvin davon ausging, Gott habe die Hölle für einige Menschen schon vor aller Zeit vorgesehen, meinte Luther, jemand, der seine Fehler erkenne, umkehre und im Glauben auf Gottes Barmherzigkeit hoffe, der müsse keine Höllenstrafen

fürchten. Allerdings gibt es auch seiner Ansicht nach eine ewige Hölle für die verdammten Menschen.
Die großen christlichen Konfessionen vertreten heute keine ausführlichen Lehren über die Hölle, da es die frohe Botschaft vom liebenden, versöhnenden Gott sei, die den christlichen Glauben ausmache. Man sollte daraus allerdings nicht einfach auf einen lieben Kuschelgott schließen – letztendlich hat sich jeder vor Gott zu verantworten. Sicher kann man sich eine Hölle heute kaum noch als realen Ort vorstellen. Sie ist eher ein Zustand, in den sich jemand selbst begeben würde, würde er Gottes Liebe bewusst und endgültig zurückweisen. Ein Zustand völliger, selbsthervorgerufener Verlassenheit.

Im Christentum gibt es keinen **HOKUSPOKUS**

Weihwasser, wundertätige Heilige, Rosenkränze, vom Papst persönlich gesegnet, auf katholischer Seite; Heilungsgottesdienste, in denen stundenlang der Heilige Geist herbeigefleht wird und Menschen verzückt aus ihren Rollstühlen auf- oder in der Gegend herumspringen auf evangelischer – Humbug, werden Außenstehende sofort sagen, abergläubischer Hokuspokus. Und auch die Christen selbst betonen immer wieder: Gott lässt sich nicht verfügbar machen, weder über geweihte Gegenstände noch durch Anrufungen des Heiligen Geistes lässt sich Gott von Menschen manipulieren. Die Reformatoren wandten sich besonders kritisch gegen die Aspekte des katholischen Glaubenslebens, die die Menschen dazu verleiten konnten anzunehmen, Gott lasse sich über irgendwelche Umwege vielleicht doch beeinflussen. Heilige und geweihte Gegenstände hielten sie für überflüssig, jeder Mensch solle sich allein auf seinen Glauben an die Liebe Gottes verlassen. Auch die Bibel spricht sich sowohl im Alten als auch im Neuen Testament deutlich gegen jede Zaubereigläubigkeit aus. »Die Zauberinnen sollst du nicht am Leben lassen« (2. Mose 22,17), heißt es da und in der Apostelgeschichte wird von gerade bekehrten Christen berichtet: »Viele aber, die Zauberei getrieben hatten, brachten die Bücher zusammen und verbrannten sie öffentlich« (19,19). Jesus ist sich bewusst, dass seine Wundertätigkeit nur allzu leicht als Zauberei und Dämonenwerk missverstanden werden kann. Er lehnt es ab, sich zu beweisen, und stellt nach der Heilung von Menschen immer wieder fest: »Dein Glaube hat dir geholfen« (Lukas 7,50).

Zauberei und Aberglaube gehören also tatsächlich nicht zum christlichen Glauben. Und dennoch sind Menschen damals wie heute von solchen Wundern fasziniert. Sind nicht doch magische Mächte im Spiel, wenn Jesus zu der verstorbenen Tochter des Jairus sagt: »Talita kum! – das heißt übersetzt: Mädchen, ich sage dir, steh auf! Und sogleich stand das Mädchen auf und ging umher« (Markus 5,41). Und wie war das bei Mose, der auf Gottes Ratschlag hin vor den Augen des durstigen Volkes mit einem Stab gegen einen Felsen schlug, aus dem daraufhin Wasser hervorkam (2. Mose 17,6)? Zu gerne möchte manch einer glauben, dass es doch besondere Gestalten mit magischen Kräften gibt, die geheimnisvolle Mächte zum eigenen Nutzen beeinflussen können. Ähnlich könnte es den Menschen zu der Zeit gegangen sein, als die katholische Messe noch in lateinischer Sprache gehalten wurde. Hielt man die unverständlich rätselhaften Worte »hoc est enim corpus meum«, auf deutsch: »dies ist nämlich mein Leib«, die bei der Wandlung gesprochen wurden, für einen Zauberspruch, der die Wandlung des Brotes in den Leib Christi bewirkte? Wurde daraus der Zauberspruch »Hokuspokus«, den man später auch auf andere magische Verwandlungen anzuwenden versuchte? Oder machten sich mit dem »Hokuspokus« nur die Protestanten über den katholischen Glauben an das Mysterium in der Messe lustig? Gänzlich klären lässt sich das heute nicht mehr. Fest steht allerdings, der Glaube an wundersame Kräfte und Geschehnisse ließ sich trotz anderslautender rationaler Erklärungen auch aus der christlichen Frömmigkeit bis heute nicht ganz vertreiben.

Die Bibel ist ein **HUMORLOSES** Buch

Tatsächlich, in der Bibel wird kaum gelacht, und wenn, dann meist zynisch und nicht aus Belustigung oder Freude. Gott lacht nicht aus Freude, Jesus lacht kein einziges Mal. Gibt es denn gar nichts zu lachen in der Bibel – oder wenigstens zum Schmunzeln? Ganz so humorlos, wie es auf den ersten Blick scheint, ist die Bibel nicht.

Abraham und Sara sind alt geworden und Sara hat noch immer kein Kind bekommen, da taucht eines Abends Gott in Gestalt dreier Männer vor Abrahams Zelt auf. Gastfreundlich, wie Abraham ist, lädt er sie ein zu verweilen und setzt ihnen ein üppiges Mahl vor. Während sie so vorm Zelt sitzen und essen, spricht einer der Männer: »Ich will wieder zu dir kommen übers Jahr; siehe, dann soll Sara, deine Frau, einen Sohn haben. Das hörte Sara hinter ihm. Und sie waren beide, Abraham und Sara, alt und hochbetagt, sodass es Sara nicht mehr ging nach der Frauen Weise. Darum lachte sie bei sich selbst und sprach: Nun ich alt bin, soll ich noch der Liebe pflegen, und mein Herr ist auch alt!« Einer der drei Männer, die Gott sind, hört Saras ungläubiges Kichern im Zelt und fragt, was es denn da zu lachen gäbe. »Da leugnete Sara und sprach: Ich habe nicht gelacht –, denn sie fürchtete sich. Aber er sprach: Es ist nicht so, du hast gelacht« (1. Mose 18). Sara lacht über die absurde Prophezeiung dieser drei Fremden. Und Gott? Offensichtlich hat er, als er sich in Gestalt der drei zeigte, nicht nur deren Gestalt, sondern auch eine äußerst menschliche Reaktionsweise angenommen. Wie ein trotziges Kind beharrt er darauf: Oh doch, »du hast gelacht.«

Eine andere Geschichte mit Humorfaktor: Als David eines Tages bei König Achisch gelandet war, bekam er plötzlich Angst, dass der und seine Leute ihm nicht wohlgesinnt sein könnten, und fasste einen Plan: »Und er stellte sich wahnsinnig vor ihren Augen und tobte unter ihren Händen und rannte gegen die Pforte des Tores und ließ seinen Speichel in seinen Bart fließen. Da sprach Achisch zu seinen Großen: Ihr seht ja, dass der Mann wahnsinnig ist; warum habt ihr ihn zu mir gebracht? Hab ich zu wenig Wahnsinnige, dass ihr diesen herbrachtet, bei mir zu toben? Sollte der in mein Haus kommen?« Vielleicht hätten sie sich doch ganz gut verstanden. Humor hatten sie jedenfalls beide.

Eine Portion bissigen Humors hatte der Prophet Elia für die Baal-Propheten übrig. Die nämlich wollten ihm die Macht ihres Gottes beweisen und waren schon den ganzen Tag lang Baal anrufend um den Altar herumgehinkt, »aber es war da keine Stimme noch Antwort«. Da »verspottete sie Elia und sprach: Ruft laut! Denn er ist ja ein Gott; er ist in Gedanken oder hat zu schaffen oder ist über Land oder schläft vielleicht, dass er aufwache« (1. Könige 18,26f).

Und was ist mit Jesus? Die Evangelisten haben ihn nicht lachen lassen, aber ist er deswegen wirklich nur mit ernster Miene durch die Lande gezogen? Vermutlich nicht, er hatte ja etwas Freudiges zu verkünden, das anbrechende Reich Gottes. Er feierte gern mit seinen Mitmenschen, bei einer Hochzeitsfeier soll er sogar Wasser in Wein verwandelt haben. Und seine Fähigkeit, in treffenden Bildern zu sprechen, zeugt davon, dass auch ihm Humor nicht ganz fremd gewesen sein kann: »Was siehst du aber den Splitter in deines Bruders Auge und nimmst nicht wahr den Balken in deinem Auge?« (Matthäus 7,3), fragt er in der Bergpredigt, und denjenigen, die sich besonders fromm fühlten, weil sie ihre Tempelsteuer quasi auf das letzte Weizenkorn genau zahlten, darüber aber ihre Mitmenschen und Gott vergaßen, nannte er »verblendete Führer, die ihr Mücken aussiebt, aber Kamele verschluckt!« Humor, der Augen öffnet.

Schade nur, dass von Gott kein humorvolles Lachen überliefert ist. Ist er etwa immer noch beleidigt über Saras Lachen? Oder sind es die Menschen, die befürchten, ein humorvoller, lachender Gott würde etwas von seiner erhabenen Ehre verlieren?

IRRLEHREN sind überflüssig

Im Laufe der Zeit haben sich unterschiedliche Religionen, Konfessionen und Glaubensgemeinschaften entwickelt, die alle davon überzeugt sind, den richtigen Weg gefunden zu haben. Die Mitglieder glauben meistens, was in ihrer eigenen Religion oder Konfession oder Glaubensgemeinschaft überliefert wird. Glauben hat allerdings immer auch damit zu tun, dass man das, was man da glaubt, für richtig hält, sonst würde man es ja nicht glauben. Da man Glaubensdinge aber selten beweisen kann, kann niemand wirklich wissen, ob das, was er glaubt, richtig ist. Genau das wüssten die Menschen aber gerne. Was tun? Es werden Lehren aufgestellt, die festhalten sollen, was der eigenen Überzeugung nach richtig ist und um sich von allem anderen abzugrenzen. Und genau hier beginnt das Problem. Denn welche anderen und neuen Gedanken kann man jetzt noch zulassen, ohne die einzige Wahrheit, die man ja in seinem eigenen Glauben gefunden zu haben meint, in Gefahr geraten zu lassen? Was, wenn jemand das ganze schöne Denkgebäude – und Einfluss und Macht der darin Wohnenden! – durch neue Gedanken gefährdet und Zweifel unter den Mitgliedern sät? Also grenzt man sich weiter ab, stempelt alles, was nach anderen oder neuen Ideen aussieht, als Irrlehre ab und erklärt es für überflüssig und böse, denn den richtigen, den guten Weg kennt man ja schon. Ob ein Weg ohne Weiterentwicklung wohl überhaupt irgendwohin führt?

Natürlich laufen viele neue Ideen auch ins Leere, aber waren sie deswegen überflüssig? Für die Entwicklung und Renovierung des eigenen Gedankengebäudes sicher genauso wenig wie manchmal auch für die Entstehung ganz neuer Gebäude. Ein Beispiel: die Reformation. Nachdem der Protestantismus, der anfangs noch als Irrlehre galt, sein eigenes Häuschen errichtet hatte, begann die katholische Kirche in der Gegenreformation ihres zu renovieren. Sie hatte wohl erkannt, dass Stillstand das Haus viel schneller zum Einstürzen bringen kann als neue Gedanken. Verschwiegen werden darf dabei allerdings nicht, dass die Reformatoren mit angeblichen Irrlehrern und Andersgläubigen ihrerseits auch schonungslos umgingen.

Fest steht, auch wenn viele das Gegenteil behaupten: Niemand weiß, ob der eigene Weg tatsächlich der einzig richtige ist. Glauben heißt eben glauben und nicht wissen. Abgrenzung und Einigkeit über die wichtigsten Grundlagen eines Glaubens sind zwar wichtig, damit er sich nicht in Beliebigkeit auflöst, eine völlige Abriegelung gegen alles Fremde und Neue führt allerdings auch nicht voran. Ob eine Lehre überflüssig war oder nicht, zeigt sich sowieso erst am Ende der Zeit. Wahrscheinlich aber ist nichts wirklich überflüssig. Neue oder fremde Gedanken stoßen die alten und bekannten an und wecken sie aus dem »Schlaf der Sicherheit«. Nur so geschieht Entwicklung.

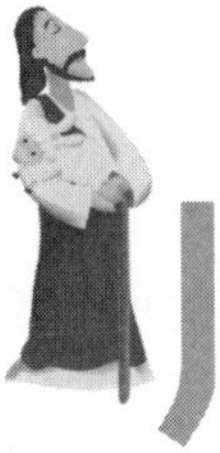

Würde **JESUS** wieder kommen, würde er mit offenen Armen aufgenommen

Ein interessantes Gedankenspiel: Was wäre, wenn Jesus auf die Erde zurückkehrte? Würden ihn die Christen erfreut begrüßen? Eine literarische Antwort hat der russische Dichter Fjodor M. Dostojewski gegeben. Mit einem Satz wie ein Schwerthieb lässt er seine Erzählung vom Großinquisitor beginnen: »Warum bist Du gekommen, uns zu stören?« Von niederschmetternder Direktheit strotzt die Frage. Gestellt wird sie niemand geringerem als Jesus selbst, der nach 1500 Jahren erneut auf die Erde gekommen ist. In Spanien, zur Zeit der härtesten Ketzerverfolgung, trifft er auf den neunzigjährigen Großinquisitor. Dostojewski füllt diese (für seinen Roman »Die Brüder Karamasow« erdachte) Szene mit einem dramatischen Monolog des Greises. Dessen Argument: Die Kirche bestimme mittlerweile, was Freiheit sei – nicht mehr Jesus. »Morgen wirst du selber die gehorsame Schar sehen«, prophezeit der greise Inquisitor, »die auf den ersten Wink meiner Hand sich zum Scheiterhaufen stürzen wird, um die Kohlen zu schüren, auf welchen du dafür brennen sollst, dass du gekommen bist, uns zu stören. Morgen werde ich dich verbrennen.«

Ob die Kluft zwischen Jesus und Kirche, zwischen göttlicher Wahrhaftigkeit und vielfacher institutioneller Rechthaberei tatsächlich so groß ist? Viele Kirchenvertreter werden hier verständlicherweise anderer Meinung sein. Schließlich hat – nach katholischer Lehre – Jesus selbst die Kirche eingesetzt. Als legitimer Nachfolger des Petrus könnten demnach der Papst und die Kirche gar nicht im Gegensatz zu Jesu Lehre stehen. Protestantische Kirchenführer werden darauf hinweisen, dass die Kirchen in der Vergangenheit zwar einige Male versagt, aber unter dem Strich doch gottgewollt gewirkt hätten.

Fest steht allerdings auch: Oft sind die Kirchen der Versuchung der Macht erlegen. Mord, Folter und Unterdrückung, Kreuzzüge, Inquisition und »heilige« Kriege, Hexenverfolgungen und Antisemitismus. Nicht nur segensreiches Wirken, sondern auch eine grausame Spur kirchlicher Gewalt durchzieht die Geschichte des Abendlandes. In unterschiedlichen Variationen führte die Kungelei der Kirchen mit der Macht dazu, dass Jesu Bergpredigt ins Gegenteil verkehrt wurde. Feinde wurden nicht geliebt, sondern verfolgt. Statt die andere Wange hinzuhalten, schlugen Christen oft genug gnadenlos zurück. Kriegstreiberei und Aufrüstung wurden als friedenschaffende Maßnahmen verklärt. Mit Duldung, oft sogar mit Zustimmung kirchlicher Autoritäten konnten Konquistadoren und Diktatoren, Faschisten und Nationalsozialisten Völker verführen, knechten und morden.

An diese dunklen Seiten erinnern viele Christen, vor allem von der Basis. Ihre Hoffnung besteht darin, dass der Klerus und die »Amtskirchen« ihre Macht und Verantwortung auf viele Schultern verteilen. Zu ihren innerkirchlichen Forderungen gehören die Gleichberechtigung der Frauen, die Abschaffung des Pflichtzölibats für katholische Priester sowie die Einführung demokratischer Strukturen in den Kirchen. Auch legen die christlichen Basisbewegungen die Finger in die Wunden der aktuellen Kirchenpolitik. Einige ihrer Einwände: Die katholische Kirche erklärt die Anwendung empfängnisverhütender Mittel zur Sünde – und vergisst darüber die Probleme, die angesichts bedrohlich steigender Überbevölkerung gerade für die Gläubigen in den ärmsten Ländern der Welt entstehen. Jahrzehntelang haben besonders protestantische Kirchen in Südafrika das System der Apartheid unterstützt – und in Kauf genommen, dass Menschenrechte nicht für Schwarze galten. Im Jugoslawienkrieg hat die serbisch-orthodoxe Kirche das Morden der Machthaber unterstützt.

»Was würde Jesus dazu sagen?« Dieser Satz ist naiv. Ernstzunehmen ist er trotzdem. Denn er stammt von einem Christen, der sich um den Preis der Freiheit von der kirchlichen Machtkungelei verabschiedet hat. Als persönlicher Häftling Adolf Hitlers saß der ehemalige U-Boot-Kommandant Martin Niemöller von 1937 bis 1945 im Konzentrationslager. Er hatte sich dem wohl folgenschwersten Bündnis von Thron und Altar widersetzt: der Gleichschaltung von Nazi-Ideologie und der evangelischen Kirche. Nur wenige Christen sind dem millionenfachen Mord an Juden – dem Volk Jesu – entgegengetreten. Die meisten haben weggeschaut. Hatte es der von Dostojewski erdachte Großinquisitor nicht so ähnlich vorausgesagt?

Maria war **JUNGFRAU**, als sie Jesus gebar

Als »Mutter Gottes« ist Maria aus dem katholischen Glaubensleben nicht wegzudenken, als Himmelskönigin wird sie verehrt, Fürbitten werden an sie gerichtet, Marienwallfahrten begangen, das Rosenkranzgebet ist ihr gewidmet, und das, obwohl die Katholiken nicht müde werden zu betonen, dass sie Maria nicht anbeten, sondern verehren. Protestanten nehmen solche Frömmigkeit mit Befremden zur Kenntnis. Und dann ist da noch die Sache mit der Jungfräulichkeit. Jesus, »geboren von der Jungfrau Maria«, bekennen bis heute weltweit sowohl katholische als auch protestantische Christen. Aber wie soll man sich das denn vorstellen? Für die Katholiken ist klar, was sie zu glauben haben. Die kirchliche Lehre gibt es ihnen vor: Jesus wurde durch den Heiligen Geist gezeugt, als Maria Jungfrau war, also ohne Zutun irgendeines Mannes. Außerdem sei sie stets jungfräulich geblieben, also auch während und nach der Geburt. Niemand wisse, wie das vor sich ging, nicht einmal Maria selbst, es handelt sich also um ein Glaubensmysterium. Und die Geschwister Jesu, von denen im Neuen Testament die Rede ist? Sie waren Kinder aus Josefs Verwandtschaft, behauptet die katholische Kirche. Aber die Protestanten sollten sich nicht zu früh freuen, denn an die jungfräuliche Zeugung durch den Heiligen Geist glauben auch sie, zumindest ihren Bekenntnisschriften nach.

Was aber wissen wir abseits dieser heute kaum noch nachvollziehbaren Glaubenssätze wirklich über Maria? Und wie war es möglich, dass ein einfaches junges Mädchen, das mit vielleicht vierzehn Jahren unerwartet und nicht von ihrem Verlobten schwanger wurde, zu einer solch einflussreichen und verehrten Lichtgestalt wurde?

Das Neue Testament berichtet nur sehr spärlich über die Mutter Jesu. Außerdem scheint Jesus ein recht distanziertes Verhältnis zu ihr gehabt zu haben, denn er spricht sie nie mit »Mutter«, sondern immer nur mit »Frau« an: »Was geht's dich an, Frau, was ich tue?« (Johannes 2,4). Die legendären Berichte des Lukas- und Matthäusevangeliums über die Kindheit Jesu sind im Grunde die einzigen Informationsquellen. Danach verkündete der Erzengel Gabriel ihr, dass sie bald durch den Heiligen Geist schwanger werde. Als Josef von dieser Schwangerschaft erfährt, an der er ja nicht beteiligt war, will er sich am liebsten heimlich aus dem Staub machen, doch auch ihm erschien ein Engel, der ihm gebietet zu bleiben. Der Rest der Geschichte ist bekannt: Maria und Josef ziehen nach Bethlehem und Maria bringt Jesus dort in einem Stall zur Welt. Matthäus berichtet von einer weiteren Mutter-Sohn-Begegnung. Eines Tages standen Maria und Jesu Brüder vor dessen Tür. »Da sprach einer zu ihm: Siehe, deine Mutter und deine Brüder stehen draußen und wollen mit dir reden. Er antwortete aber und sprach zu dem, der es ihm ansagte: Wer ist meine Mutter und wer sind meine Brüder?« (Matthäus 12,47f). Ein wirklich schwieriges Verhältnis offensichtlich. Von Geschwistern Jesu ist sowohl in den Evangelien als auch bei Paulus noch mehrmals, teilweise sogar namentlich die Rede. Mag sich jeder selbst überlegen, was er angesichts dessen von der Lehrmeinung

der katholischen Kirche hält, damit seien Neffen Josefs gemeint. Eine ewige Jungfrau darf halt keine normalen Kinder haben.
Aber wie kann man sich nun die Sache mit dem Heiligen Geist und der jungfräulichen Zeugung vorstellen? Zunächst einmal ist festzuhalten, dass das Motiv der Jungfrauengeburt auch in anderen Religionen keine Seltenheit ist. Meist ging es dabei einfach darum, herauszustellen, dass etwas Göttliches in die Welt kam. Während Lukas nur sagt, dass Maria Jungfrau gewesen sei, betont Matthäus auch die jungfräuliche Zeugung durch den Heiligen Geist. Dabei beruft er sich auf ein Prophetenwort, in dem von einer schwangeren Jungfrau die Rede sei. Tatsächlich heißt es in diesem Text des Propheten Jesaja (7,14) allerdings nicht Jungfrau, sondern »alma«, Mädchen. Ins Griechische übertragen wird daraus »parthenos«, was sowohl Jungfrau als auch junge Frau heißen kann.
Das Christliche Bekenntnis zur Jungfrauengeburt möchte ursprünglich weniger etwas über Maria aussagen, sondern vor allem die besondere Bedeutung Jesu betonen. An seiner Geburt wirkten Gott und Maria mit: Jesus ist wahrer Mensch und wahrer Gott.
Über Maria lässt sich auf biblischer Grundlage nur sagen, sie war Jung-Frau, ein Mädchen, das unerwartet schwanger wurde.

K ____ Christen dürfen an KARFREITAG nicht tanzen

Wer glaubt, dies sei ein Irrtum, der irrt. Tatsächlich sind öffentliche Tanzveranstaltungen an Karfreitag in allen Bundesländern verboten. Aber auch Konzerte, Sportveranstaltungen oder sonstige öffentliche Unterhaltungsangebote fallen in vielen Bundesländern unter dieses Verbot. In einigen Ländern gelten ähnliche Bestimmungen auch für andere Feiertage, aber am striktesten betreffen sie den »stillen Feiertag« Karfreitag. Abgesehen davon, dass Veranstaltern wie auch vielen Glaubensfernen ein solcher Eingriff in ihre Interessen heute immer weniger gefällt und dass das Verbot mit mehr oder weniger angestrengter Spitzfindigkeit auch immer häufiger umgangen wird: Wozu soll ein solches Verbot überhaupt gut sein? Wie kommt man darauf, an einem Feiertag das Tanzen zu verbieten?
Das ergibt sich natürlich aus dem Anlass dieses Feiertages. Eigentlich ist es nämlich gar kein Feier-, sondern ein Trauertag. An diesem Tag erinnern sich Christen an die Kreuzigung und den Tod Jesu. »Kara« ist das althochdeutsche Wort für Sorge. Dieser Tag muss für die Jünger Jesu ein Tag der Verzweiflung gewesen sein. Jener Jesus, auf dessen Botschaft sie vertraut, den einige sogar für den Messias gehalten hatten, stirbt am Kreuz – die schmählichste Todesart für damalige Juden – und Gott greift nicht ein. Zu diesem Zeitpunkt wussten sie noch nichts von Ostern.
Für evangelische Christen ist Karfreitag der höchste Feiertag, denn wir glauben, was Markus dem Hauptmann unter dem Kreuz in den Mund gelegt hat: »Wahrlich, dieser Mensch ist Gottes Sohn

gewesen!« (Markus 15,39). Das hat sich Ostern bewahrheitet, denn der Tod hat nicht das letzte Wort behalten, sondern Gott hat Jesus auferweckt. Die Jünger allerdings wussten damals noch nichts davon. Jesus, der Mittelpunkt ihrer Bewegung – tot; und keine Spur von Gott, der hat das einfach so geschehen lassen. Hoffnungslosigkeit und Enttäuschung haben sich da breit gemacht und Trauer über den Verlust. Man kann Ostern nur verstehen, wenn man sich das bewusst macht. Deswegen ist Karfreitag ein »stiller Tag«, ein Tag zum Nachdenken und Nachfühlen. An diesem Tag lässt sich eine andere Seite von Gott entdecken als die, von der sonst immer die Rede ist: Gott greift nicht allmächtig ins Weltgeschehen ein, aber er bleibt auch nicht außerhalb der Welt – er leidet mit. Karfreitag ist ein Trauertag und dieser Trauer soll genauso Raum gegeben werden wie der Freude über die Auferstehung an Ostern. Deswegen wird an Karfreitag nicht getanzt.

Aber ist ein solches Verbot in einem Land, in dem immer weniger Menschen den christlichen Glauben noch aktiv praktizieren, überhaupt noch sinnvoll? Auch wenn sich das Verbot auf Dauer nicht mehr aufrecht erhalten lassen sollte – die Idee eines »stillen Tages« ist so überflüssig nicht. So ein Tag hat genau so eine Berechtigung wie all die lauten und fröhlichen Feiertage. Ein Tag der Stille und Unterbrechung, ein Tag, an dem man sich auch der Wahrnehmung des Leidens auf der Welt einmal stellt, ein Tag, um zu sich zu kommen und um Gott auch einmal als ohnmächtig Mitleidenden wahrnehmen zu können. So ein Tag ist nicht überflüssig – wer Karfreitag verstanden hat, der wird nicht tanzen, egal ob es erlaubt oder verboten ist.

Alle Christen kennen und befolgen den **KATECHISMUS**

Früher wurden sie Frage für Frage auswendig gelernt, heute kann vermutlich kaum noch jemand erklären, was ein Katechismus überhaupt ist. Wer meint, alle Christen würden einen Katechismus befolgen, der irrt jedenfalls, denn *den* Katechismus gibt es nicht. Jede Konfession hat ihren eigenen Katechismus, manchmal sogar mehrere Katechismen für unterschiedliche Zielgruppen. Ein Katechismus ist eine Art Lehrbuch zu Grundlagen des Glaubens. Ursprünglich häufig in Frage-Antwort-Form, sind darin die wichtigsten Aspekte des Glaubens zum leichten Auswendiglernen zusammengefasst. Allein bei den Lutheranern gibt es drei wichtige Katechismen, einen kleinen für das einfache Volk und einen großen, ausführlicheren für Geistliche (beide wurden von Luther verfasst), und den evangelischen Erwachsenenkatechismus, der auf moderne Weise und nicht mehr in Form von Fragen und Antworten, sondern in zusammenhängenden Texten umfangreich über den evangelischen Glauben informiert. Zunächst bezeichnete man die mündliche Weitergabe der wichtigsten Glaubensinhalte an die Taufkandidaten vor ihrer Taufe als Katechese. Später wurde die gesamte Belehrung der Gläubigen über die Glaubensgrundsätze so benannt. Luther hatte seinen Kleinen Katechismus für die einfachen Familien verfasst. Der Hausvater, das Familienoberhaupt, sollte ihn den Kindern und Bediensteten vortragen. Auch heute noch orientiert sich der Konfirmandenunterricht am Kleinen Katechismus. Dennoch beklagen alle Kirchen zu Recht und auf Grundlage vieler Umfragen, dass die Gläubigen eigentlich viel zu wenig über ihren eigenen Glauben wissen. Wer aber nicht mal weiß, was ein Katechismus ist – wie und warum sollte der ihn befolgen können?

Jeanne d'Arc, 1431 als Ketzerin verbrannt, weil sie sich nicht zuerst der Kirche, sondern Gott unterstellt sah. Jan Hus, 1415 als Ketzer verbrannt, weil er sich gegen weltlichen Besitz der Kirche, den Ablasshandel und den Heiligenkult wandte und das Abendmahl in beiderlei Gestalten forderte. Der Bußprediger Savonarola, 1498 als Ketzer verbrannt, weil er die Verderbtheit der Kirche und den sittenlosen Lebenswandel des Papstes anprangerte. Michael Servet, 1553 als Ketzer verbrannt, weil er die Dreieinigkeit Gottes ablehnte. Haben sie falsch geglaubt? Und wer entschied das und warum? Jeanne d'Arc wurde inzwischen heiliggesprochen, Savonarola ist zur Seligsprechung vorgeschlagen worden, bei Jan Hus zeichnet sich heute ein langsames Umdenken der katholischen Kirche ab und Michael Servet gilt als tragisches Opfer der Reformation. So falsch können sie also doch nicht geglaubt haben?!

Während das Christentum in den ersten Jahrhunderten noch nicht zentral organisiert war und die theologischen Denker dieser Zeit sich immer wieder um Übereinkünfte in den zentralen Glaubensfragen bemühen mussten, gab es im Mittelalter im Westen praktisch nur noch die römisch-katholische Kirche, die alle Entscheidungsautorität für sich beanspruchte und auch immer mehr an politischem Einfluss gewann. Mit der Gründung der Inquisition konnte die Kirche in Zusammenarbeit mit der weltlichen Macht gegen Ketzer vorgehen, die von nun an, waren sie überführt, öffentlich auf Scheiterhaufen verbrannt wurden. Um den tatsächlichen Glauben der Ketzer ging es dabei eher selten. Oft waren sie der Kirche oder auch einem weltlichen Machthaber einfach nur unbequem, weil sie ihnen politisch im Weg standen, weil sie auf Missstände aufmerksam machten oder zu viele Menschen zu überzeugen vermochten.

Was im Glauben richtig oder falsch ist, können wir nicht wissen, sondern eben nur glauben. Daher kann man anderen auch höchstens vorhalten, dass sie nicht der Lehre der eigenen Religion oder Konfession entsprechend glauben. Wer anderen vorwirft, sie glaubten falsch, sieht sich meist vor allem selbst in seinem Glauben und seiner Macht verunsichert.

Jesus hat die **KIRCHE** gegründet

»Jesus verkündete das Reich Gottes – gekommen ist die Kirche«, meinte der katholische Theologe Alfred Loisy und bringt die Sache damit auf den Punkt. Auch wenn die katholische Kirche meint, ihre Gründung auf einen Ausspruch Jesu zurückführen zu können, der im Matthäusevangelium sagt: »Du bist Petrus, und auf diesen Felsen werde ich meine Gemeinde (›ecclesia‹) bauen« (Matthäus 16,18). – Jesus hat sicherlich keine Kirche gründen wollen. Nicht nur, dass dieser ihm zugeschriebene Satz heute meist als nachträgliche, kirchenpolitisch motivierte Einfügung gilt: Jesus verkündete das schon anbrechende Gottesreich, erwartete also eine baldige Zeitenwende, es gab daher für ihn gar keine Veranlassung, eine solche Institution zu gründen. Mit seiner Botschaft gewann er jedoch Anhänger, die sich nach den Erfahrungen seines Todes und seiner Auferstehung vom Heiligen Geist umgeben wussten und in seiner Nachfolge die Botschaft weiterverbreiteten. Diese Urgemeinde verstand sich nun als Kirche, als »Ekklesia«, was »die Herausgerufenen« oder im übertragenen Sinne »Volk Gottes« heißt. In seinem ersten Brief an die Korinther beschreibt Paulus sehr bildlich, wie er sich das Wesen der Kirche vorstellt, ohne den Begriff Kirche allerdings zu nennen. »Ihr aber seid der Leib Christi und jeder von euch ein Glied« (1 Korinther 12,27). Durch die Taufe werde man in diesen Leib aufgenommen und jeder könne mit seinen eigenen Fähigkeiten zum Wohl des Ganzen beitragen. An anderer Stelle beschreibt

er die Gemeinde als auf Jesus Christus gegründetes Bauwerk (1. Korinther 3,7ff).
Jesus hat die Kirche also nicht gegründet. Dennoch ist sie auch keine Erfindung der Jünger, denn es besteht eine Kontinuität zwischen Jesus und seiner Verkündigung und der Entwicklung der nachösterlichen Gemeinden. Der Neutestamentler Jürgen Roloff hat es so ausgedrückt: »Jesus von Nazareth war nicht der Gründer, wohl aber der Grund der Kirche.«

Gott wohnt in den **KIRCHEN**

Die Frage »Was sind Sakralbauten?«, beantwortet der Katechismus der katholischen Kirche so: »Sie sind Stätten des Gebets, in denen die Kirche vor allem die Eucharistie feiert und Christus anbetet, der im Tabernakel wirklich gegenwärtig ist.« Gott im Tabernakel, dem Aufbewahrungsschränkchen für die in der Messe zu Christi Leib gewandelten Hostien? In vielen evangelischen Kirchen liegt auf dem Altar eine aufgeschlagene Bibel – als Zeichen dafür, dass Gott in seinem Wort anwesend ist. Das Bedürfnis der Menschen, Gott irgendwo verorten zu können, scheint groß zu sein. Aber wohnt Gott wirklich in den Kirchen? Lässt er sich in Kathedralen, in Schränkchen und Büchern einsperren?
Nein, sagt schon die Apostelgeschichte, indem sie den Propheten Jesaja zitiert: »Der Allerhöchste wohnt nicht in Tempeln, die mit Händen gemacht sind, wie der Prophet spricht: ›Der Himmel ist mein Thron und die Erde der Schemel meiner Füße; was wollt ihr mir denn für ein Haus bauen‹, spricht der Herr, ›oder was ist die Stätte meiner Ruhe? Hat nicht meine Hand das alles gemacht?‹« (Apostelgeschichte 7,48ff). Aber wo kann man Gott dann finden, wenn er an keinem bestimmten Ort wohnt? Paulus

erklärt es den Korinthern in seinem ersten Brief an sie so: »Wisst ihr nicht, dass euer Leib ein Tempel des Heiligen Geistes ist, der in euch ist und den ihr von Gott habt, und dass ihr nicht euch selbst gehört?« (1. Korinther 6,19). Gottes Geist, seine Lebenskraft, finden wir also bei uns selbst. Um Gott zu begegnen, brauchen wir keine großartigen Kathedralen. Es kann reichen, ihn bei sich selbst zu suchen, deshalb konnte Jesus auch sagen: »Wenn du aber betest, so geh in dein Kämmerlein und schließ die Tür zu und bete zu deinem Vater, der im Verborgenen ist; und dein Vater, der in das Verborgene sieht, wird dir's vergelten« (Matthäus 6,6). Aber auch das ist noch nicht alles.

Jesus, der so gerne mit anderen Menschen gemeinsam gegessen hat und den Jüngern das Abendmahl zur Erinnerung an die Gemeinschaft mit ihm und untereinander hinterlassen hat, wollte sicher nicht, dass man nun plötzlich auf die Idee kommt, man könne Gott nur in der Einsamkeit finden. Deswegen konnte er genauso sagen: »Denn wo zwei oder drei versammelt sind in meinem Namen, da bin ich mitten unter ihnen« (Matthäus 18,20). Vor allem als Räume für diese Gemeinschaft bauen Christen Kirchen; schließlich bezeichnete das Wort Kirche ursprünglich auch kein Gebäude, sondern die Gemeinschaft der Christen. Kirchen geben Raum für dieses Zusammensein, einen Raum, der anders ist als die Räume, in denen wir alltäglich ein- und ausgehen. In einigen Kirchen erzählen Bilder und bunte Fenster Geschichten von Gott, in anderen lässt gerade die reduzierte Kargheit wahrnehmen, wie wenig wir wissen können über Gott. In Kirchen kann man zu sich finden und zur Gemeinschaft mit anderen in einem Raum, der den Blick vom Alltäglichen weg auf das ganz andere lenken will. Wer schon einmal aus dem Einkaufsrummel mitten in einer Großstadt heraus in eine Kirche hineingetreten ist, hat das sicher schon gespürt. Auf einmal scheint man in eine andere Welt einzutreten, die Tür schließt sich hinter einem, der Alltagslärm bleibt draußen. Man kann zu sich finden und zu Gott. Dann ist er vermutlich da.

KIRCHENMUSIK ist weniger wichtig als die Predigt

Psalmen und gregorianische Gesänge, Orgelmusik und Posaunenchöre – Musik spielte in der Kirche von Anfang an eine große Rolle. Schon im Kolosserbrief wird die Gemeinde zum Singen aufgefordert: »Lasst das Wort Christi reichlich unter euch wohnen: Lehrt und ermahnt einander in aller Weisheit; mit Psalmen, Lobgesängen und geistlichen Liedern singt Gott dankbar in euren Herzen« (Kolosser 3,16). Das Nebeneinander von Lesungen und Psalmengesängen im Gottesdienst knüpfte an die jüdische Tradition an. Offenbar war man sich schon früh bewusst, dass Predigen und Reden, bei dem die Gemeinde nur passiv zuhört, allein zu einseitig und nicht gerade konzentrationsförderlich ist. Kirchenvater Ambrosius (339–397) stellte jedenfalls schon im vierten Jahrhundert fest: »Was hat man nicht für Arbeit, in der Kirche das Volk zum Schweigen zu bringen, wenn bloß vorgelesen wird! Sobald aber der Psalm ertönt, wird alles still.« Musik wurde einerseits als ein anderer Zugang zu religiösen Erfahrungen angesehen: »Nichts erbaut die Seele so sehr und beflügelt sie, löst sie von der Erde und befreit sie von den Fesseln des Leiblichen, befähigt sie zu hohen Gedanken und lässt sie alles Irdische verachten, wie die Melodie der Musik und ein mit Rhythmus erfülltes göttliches Lied«, meinte Johannes Chrysostomus (349–407). Andererseits war auch immer die Befürchtung groß, der bloße Genuss der Musik könne überwiegen oder sie könne sich zu sehr den weltlichen Einflüssen öffnen, sodass die eigentliche Botschaft zu kurz komme. Augustinus (354–430) zweifelte: »Und so schwanke ich hin und her zwischen der Gefahr der Sinnenlust und der Heilsamkeit des Kirchengesanges, die ich selbst erfahre.« Ein Jahrtausend später schwankte der Reformator Johannes Calvin auf protestantischer Seite noch mehr und ließ nur noch einstimmigen Gemeindegesang zu. Reformatorenkollege Ulrich Zwingli war sich sicher: »Die Orgel ist des Teufels Dudelsack, womit er den Ernst der Betrachtungen in Schlummer wiegt«, und er entfernte Musik und Orgeln gänzlich aus den Kirchen. Luther dagegen sah die Sache zum Glück anders: »Die Musik ist eine Gabe und Geschenk Gottes, nicht ein Menschengeschenk. So vertreibt sie auch den Teufel und macht die Leute fröhlich; man vergisst dabei allen Zorns, Unkeuschheit, Hoffart und anderer Laster. Ich gebe nach der Theologie der Musik den nächsten Platz und höchste Ehre.« Er wollte die Gemeinde, die im katholischen Gottesdienst mittlerweile fast nur noch als Zuschauer anwesend war, während der Klerus alle Handlungen und Gesänge übernahm, wieder aktiv am Gottesdienst beteiligen und führte statt der lateinischen Gesänge deutschsprachige Kirchenlieder ein. Diese bestanden zum Teil aus Übersetzungen traditioneller Lieder, zum Teil aus Neudichtungen, zu denen er selbst 36 Lieder beisteuerte. Neben anderen: »Ein feste Burg ist unser Gott« oder »Vom Himmel hoch, da komm ich her«. 1524 wurde ein erstes Gesangbuch herausgegeben. Diese Lieder halfen, religiöse Themen und auch die Ideen der Reformation unter den Menschen zu verbreiten. Glaube lässt sich kaum nur denkend über die Predigt vermitteln. Das gemeinsame Singen bezieht den ganzen Menschen mit all seinen Sinnen und die ganze Gemeinde ins Gebet, in die Verkündigung, in die Klage und das Lob Gottes ein.

»Bey einer andächtigen Musique ist allezeit Gott mit seiner Gnaden Gegenwart«, notierte der manchmal als »fünfter Evangelist« bezeichnete Komponist Johann Sebastian Bach in seiner Bibel. Glaube ist nicht nur etwas Rationales, Musik kann den Glauben spürbar machen. Wer Bachs Matthäus-Passion hört, kann das genauso erfahren, wie jemand, der wieder beginnt, bewusster im Gottesdienst mit allen anderen zusammen zu singen.

»Ora et labora« – »bete und arbeite«: Diese knappe Zusammenfassung der Benediktinerregel bringt es eigentlich schon auf den Punkt: Nein, in Klöstern wird nicht nur gebetet. Als Benedict von Nursia im Jahr 529 auf dem Monte Cassino das bis heute berühmte Kloster gründete, verfasste er eine ausführliche Ordensregel für das Leben dort. Dabei griff er auf schon vorhandene Mönchsregeln und die Erfahrungen vorheriger Gemeinschaften zurück und verknüpfte sie mit theologischen Überlegungen. So entstand die wichtigste Ordensregel des Abendlandes, die viele Aspekte des Klosterlebens strukturierte. Die Mönche sollen in Weltabgewandtheit, Demut und unbedingtem Gehorsam zu ihrem Abt, dem Vorsteher des Klosters, leben. Das Noviziat, eine einjährige Probezeit, soll sicherstellen, dass Neuankömmlinge sich ihre Entscheidung, Mönch zu werden, auch wirklich gut überlegen. Gastfreundschaft, Armenpflege, handwerkliches Arbeiten, Lesen und das Unterrichten in Kloster- und Schreibschulen gehören neben dem regelmäßigen Beten zum Tagesablauf. Die Tagesstruktur zwischen Beten und Arbeiten soll dem Mönch auf seinem Weg zu einem vollkommenen Leben zu einem ausgeglichenen Lebensgefühl verhelfen, das zur Erkenntnis Gottes befreit.

Im Laufe der Zeit und mit Gründung weiterer Mönchsorden, die sich fast alle an der Regel Benedikts orientierten, kamen noch weitere Aufgaben wie Mission, Kunsthandwerk und die Arbeit in Schreibstuben hinzu. Die Klöster wurden mehr und mehr zu Selbstversorgern, die alles Lebensnotwendige selbst herstellten. Während der wachsende Reichtum mancher Klöster zeitweise zu Trägheit und Verfallserscheinungen führte, wurden aber immer wieder auch neue Orden mit unterschiedlicher Schwerpunktsetzung in ihrem Aufgabenbereich gegründet; im zehnten Jahrhundert zum Beispiel die Cluniazenser. Gäbe es nur diesen Orden, wäre der Satz »In Klöstern wird nur gebetet« gar nicht so falsch, denn hier hatte der Gottesdienst unbedingten Vorrang vor allem anderen. Hatte Benedikt von Nursia es noch für wichtig gehalten, dass die Gebete nicht zu lang wurden und in einem ausgeglichenen Verhältnis zum restlichen Klosterleben standen, blieb in Cluny vor lauter Gottesdienst und Gebet kaum noch Zeit für andere Tätigkeiten. Die sogenannten Bettelorden entstanden im 13. Jahrhundert. In den Städten breitete sich in dieser Zeit die Armut aus. Die Mönche lebten anfangs vor allem als Wanderprediger und arbeiteten für ihren Lebensunterhalt. Später bettelten sie auch und zogen nicht mehr umher. Franz von Assisi, der wohl bekannteste Vertreter, hielt in seiner Regel fest: »Die Brüder sollen sich nichts zu eigen machen, weder Haus noch Platz noch irgendein Ding.« Auch Frauen ließen sich von diesem Armutsideal überzeugen – es entstanden Frauenklöster. Später gegründete Orden widmeten sich oft sozialen Aufgaben. 1949 gründete Mutter Theresa in Indien die Gemeinschaft der Missionarinnen der Nächstenliebe. Die Nonnen leben in strenger Armut – jede besitzt zwei Saris, einen Wassereimer, ein Stück Seife und eine Strohmatte – und führen ein von Gottesdiensten, Gebet und Meditation, aber auch von dem Dienst an Armen und Sterbenden geprägtes Leben.

Christen sind **KÖRPERFEINDLICH**

»Was wir einst sein werden, das seid ihr Jungfrauen jetzt schon. Ihr besitzt jetzt schon die Herrlichkeit der Auferstehung. Solange ihr keusch und jungfräulich lebt, seid ihr den Engeln Gottes gleich«, schreib Kirchenvater Cyprian (210–258) im dritten Jahrhundert. Jungfräulichkeit galt damals als hohes Ideal. Derartige Vorstellungen waren durch den Kontakt zum hellenistischen Umfeld in das Christentum eingeflossen. Der griechische Philosoph Platon zum Beispiel hielt den Körper für ein Gefängnis der Seele. Man wollte sich nun von seinen weltlichen, vor allem körperlichen Bedürfnissen befreien, um der Gotteserkenntnis näher zu kommen. Das Körperliche galt als minderwertig, es hieß, die Seele müsse sich davon befreien, um Gott näher kommen zu können. Durch ein möglichst asketisches Leben wollten die ersten Mönche des Christentums, die Wüstenväter, diesen Zustand erreichen. Sie zogen in die Wüste, verzichteten auf Besitz, fasteten und übten vor allem mehr oder weniger erfolgreich sexuelle Enthaltsamkeit. Noch heute gibt es in der katholischen Kirche den Zölibat und auch die Vorstellung, Sex sei, wenn überhaupt für irgendetwas, zum Kinderzeugen erfunden worden, keinesfalls aber zur zweckfreien Freude an der Lust.

Martin Luther hielt vom asketischem Leben nur dann etwas, wenn es freiwillig geschah und weder um der Kirche, noch Gott zu gefallen. Protestanten wird bis heute nachgesagt, sie seien penibel und zugeknöpft – vielleicht ein Überbleibsel calvinistischen Denkens, in dem Disziplin und Verzicht auf Vergnügungen auch immer mitschwangen.

Merkwürdig eigentlich, dass sich diese Gedanken so lange halten konnten, sei es als Vorurteil, sei es als tatsächliches Problem. Jesus nämlich gibt kaum Anlass dazu. Er fordert von seinen Jüngern zwar Nachfolge, Nächstenliebe und Besitzaufgabe, aber nicht um der Sache selbst, sondern um des Gottesreichs willen. Eine neue Zeit ist angebrochen, verkündet er, da gilt es neue Prioritäten zu setzen. Und das heißt für Jesus nicht asketischer Verzicht, im Gegenteil, er teilt mit anderen und feiert und er heilt Menschen an Körper und Seele. Wenn er nach einer Heilung sagt: »Dein Glaube hat dir geholfen« (Markus 10,52), wird klar: Für Jesus waren Körper und Seele eine Einheit. Jesus kam als Mensch in diese Welt, er hat gelebt wie wir, körperlich. Er empfand Hunger und Durst, Freude und Schmerz und er hat gelitten. Wir sind von Gott als Menschen so geschaffen worden, unser Körper gehört zu uns mit allem, was zu ihm gehört. »Sei freundlich zu deinem Leib, damit deine Seele Lust hat, darin zu wohnen«, meinte die Mystikerin Teresa von Ávila (1515–1582). Christen dürfen sich mit ihrem Körper anfreunden, seine Bedürfnisse achten, seine Grenzen kennen (lernen), aber auch genussfähiger werden, ohne gleich an Sünde zu denken.

KRANKHEIT ist eine Strafe Gottes

»Es war ein Mann im Lande Uz, der hieß Hiob. Der war fromm und rechtschaffen, gottesfürchtig und mied das Böse« (Hiob 1,1). Da fordert der Teufel Gott heraus und meint: Dem geht es viel zu gut, wenn er nur mal großes Unglück erleben würde – »was gilt's, er wird dir ins Angesicht absagen« (Hiob 1,11). Und Gott lässt den Teufel machen. Sofort versucht der, Hiob mit Schicksalsschlägen und Krankheiten von seinem Glauben abzubringen. Hiobs Freunde wollen ihm einreden, sein mangelnder Glaube sei verantwortlich für die Krankheit. Doch Hiob bleibt sich sicher, dass er nicht gesündigt und diese Leiden nicht verdient habe.

Erfahrungen von Krankheit und Leid machen Menschen auch heute, und oft erscheinen sie ihnen genauso sinnlos und ungerecht wie Hiob. Solche Erfahrungen scheinen einfach nicht zu der Vorstellung von einem liebenden und heilenden Gott zu passen. Man sucht, genau wie Hiobs Freunde, nach Ursachen, nach der eigenen Schuld, die Gott durch die Krankheit nun vielleicht bestrafen will. Da auch die Medizin keine Antworten auf solche Fragen geben kann, greifen viele auf pseudopsychologische oder esoterisch angehauchte Erklärungsversuche zurück; meist sehen diese auch weiterhin Ursache oder Schuld beim Kranken selbst. Nicht mehr unbedingt gegen Gott, aber gegen sich selbst, seine Familie, seine Lebenszusammenhänge wird er wohl gesündigt haben. Und dann wird dem Kranken auch noch vorgeschrieben,

er solle einen Sinn in seiner Krankheit erkennen, er müsse aus seiner Lage lernen und umkehren zu einem »guten« Leben, zu Gott. Aber Krankheit kann ohne Unterschied jeden Menschen treffen. Den einen mag sie tatsächlich zum Anhalten und Umdenken bewegen, der nächste wird durch sie aus einem heilen Umfeld herausgerissen und versteht nicht warum. Viele, die ganz offensichtlich Fehler machen, werden gar nicht krank. Sollte Gott wirklich so willkürlich strafen? Und wofür denn überhaupt, es ist doch sowieso niemand perfekt?
Der Evangelist Johannes erzählt in seinem Evangelium von einem Blindgeborenen, auf den Jesus trifft. Die Jünger Jesu fragen: »Meister, wer hat gesündigt, dieser oder seine Eltern, dass er blind geboren ist? Jesus antwortete: Es hat weder dieser gesündigt noch seine Eltern, sondern es sollen die Werke Gottes offenbar werden an ihm« (Johannes 9,2). Schon die Frage allein macht deutlich, wie merkwürdig unsere Vorstellung ist, Gott würde durch Krankheiten strafen. Wer blind geboren wird, kann ja kaum schon gesündigt haben. Und auch die Eltern sind nicht schuld, betont Jesus. Heute könnte man vielleicht sagen, Krankheiten kommen in der Natur eben vor. Der Theologe Karl Barth bezeichnete Krankheit als »ein[en] Moment des Aufstandes des Chaos gegen Gottes Schöpfung«. Krankheit entspricht demnach gerade nicht dem Willen Gottes. Auch Jesus macht das deutlich, wenn er Menschen heilt; da wird in seinem Handeln schon etwas spürbar von dem, was er vom kommenden Gottesreich erzählt: »Selig sind, die da Leid tragen, denn sie sollen getröstet werden« (Matthäus 5,4). Krankheit ist keine Strafe Gottes. Das tröstet nicht und es erklärt auch nicht, wieso es Krankheit und Leid gibt in der Schöpfung eines liebenden Gottes. Aber es macht deutlich: Christen dürfen Krankheit auch als sinnlos verstehen. Hiob klagt und kann nicht verstehen, warum Gott sein Leiden zulässt, aber obwohl er keine andere Erklärung findet, als dass die Welt nun einmal so ist und der Mensch zu klein, um Gott zu verstehen – er wendet sich nicht von Gott ab.

L

LACHEN ist unchristlich

Christen gelten oft als langweilig, verklemmt und humorlos. »Die Christen müssten erlöster aussehen, wenn ich an ihren Erlöser glauben sollte«, meinte der Philosoph Friedrich Nietzsche. Was ist aus dem Evangelium, der frohen Botschaft, geworden?

Die Kirche im Mittelalter vertrat tatsächlich die Ansicht, Lachen sei unchristlich, da Jesus auf Erden nie gelacht habe. Auch wenn diese Ansicht später relativiert wurde, im Grunde schwingt sie noch heute mit: Religion scheint etwas Erhabenes, Ernsthaftes zu sein. »Lachen tötet die Furcht, und wenn es keine Furcht gibt, wird es keinen Glauben mehr geben«, fasst Umberto Eco in seinem Roman »Im Namen der Rose« diese christliche Angst zusammen. Und wirklich, das Neue Testament liefert auf den ersten Blick keinen besonders erfreulichen Befund. Nicht nur Jesus lacht nicht, auch sonst lacht dort niemand aus Freude. Nur die Gegner Jesu verlachen ihn, ihr Lachen ist böser Spott. Haben Christen wirklich nichts zu lachen?

»Pass auf, kleine Hand, was du tust! / Denn der Herrgott im Himmel schaut herab auf dich, / drum pass auf, kleine Hand, was du tust.« Ein christliches Kinderlied, das noch bis vor gar nicht langer Zeit ganz selbstverständlich mit Kindern gesungen wurde. Die Botschaft: Gott sieht alles, was du tust, pass bloß auf, der meint es ernst! Nein, vor einem solchen Gott ist einem tatsächlich nicht nach Lachen zumute.

Und dabei weist die Botschaft Jesu doch in eine ganz andere Richtung. Das Reich Gottes sei schon angebrochen, verkündete er. Und das ist für ihn gerade kein Grund zu verbissener Frömmigkeit, sondern ein Grund zur Freude. Jesus nimmt an Festen teil und feiert mit seinen Mitmenschen. Es wäre schon sehr verwunderlich, wenn dabei nicht auch gelacht worden wäre. Eine schöne Tradition des Lachens kennt allerdings auch das Christentum: das Lachen in der Osternacht, das auch heute noch in einigen Gemeinden stattfindet. Laut lachen die Christen in dieser Nacht darüber, dass Gott den Tod besiegt hat. Das könnte die frohe Botschaft uns heute wieder deutlicher erzählen, dass manches ganz anders ist, als es zunächst scheint, dass Gott uns nicht fallen lässt, egal wir grau auch alles scheint. »Das Reich Gottes ist mitten unter euch« (Lukas 17,21), das ist kein Grund, mürrisch in die Gegend zu schauen. »Der Tod ist verschlungen vom Sieg. Tod, wo ist dein Sieg? Tod, wo ist dein Stachel?« (1. Korinther 15,55). Ein guter Grund zum Lachen!

Der christliche Gott ist **LIEB**

»Lieber Heiland sieh mein Herzchen / ist für dich geöffnet weit / komm und wohne du darinnen / heute und zu aller Zeit / Ich will dich von Herzen lieben / möchte niemals dich betrüben / hilf du selber mir dazu / lieber guter Heiland du«. Es gibt im Christentum manchmal ein unglaublich kitschiges Reden von Jesus und Gott. Fast zwanghaft scheinen sich einige Menschen einreden zu wollen, dass Gott auch wirklich, wirklich ein lieber Gott sein müsse. Besonders makaber, aber auch aussagekräftig wird das, wenn man ihnen weiter zuhört. Denn oft steckt dahinter gerade nicht die Glaubensgewissheit, Gott ist Liebe, sondern im Gegenteil die Angst davor, es könnte anders sein, Gott werde einen fallen lassen, wenn man seinen Anforderungen nicht entspricht. Diejenigen, die in der Innenstadt neben einem Blumenherz stehen und »Jesus liebt dich!« singend Broschüren verteilen, verkünden in genau dieser Broschüre, man müsse die Chance un-

bedingt nutzen und sich der Jesus-liebt-dich-Bewegung anschließen, andernfalls könne man sicher sein, dass Gott einen am Ende der Zeit in der Hölle schmoren lässt.
Die Bibel erzählt von Menschen, die Gott als zornig und streng erleben, und von Menschen, die seine Unterstützung und Zuwendung erfahren. »Lobe den Herrn meine Seele, und vergiss nicht, was er dir Gutes getan hat: Barmherzig und gnädig ist der Herr, geduldig und von großer Güte« (Psalm 103,2ff), heißt es in einem Psalm, »Herr, strafe mich nicht in deinem Zorn und züchtige mich nicht in deinem Grimm! Denn deine Pfeile stecken in mir, und deine Hand drückt mich. Es ist nichts Gesundes an meinem Leibe wegen deines Drohens und ist nichts Heiles an meinen Gebeinen wegen meiner Sünde« (Psalm 38 1ff), in einem anderen. Nein, ein harmloser Kuschelgott ist Gott bestimmt nicht. Man muss ihn auch nicht zwanghaft für lieb halten, man darf klagen, wenn man verzweifelt ist, und um Antworten flehen, genau, wie man loben darf. Lieb sein heißt meist auch harmlos sein, angepasst, berechenbar. Das hätten manche sicher gerne, um ihre Angst loszuwerden vor dem, der immer ganz anders ist und dennoch JHWH heißt, der »Ich bin da«, jetzt und in Zukunft.

Die Bibel enthält keine **LÜGEN**

»Da die Schrift vollständig und wörtlich von Gott gegeben wurde, ist sie in allem, was sie lehrt, ohne Irrtum oder Fehler. Dies gilt nicht weniger für das, was sie über Gottes Handeln in der Schöpfung, über die Geschehnisse der Weltgeschichte und über ihre eigene, von Gott gewirkte literarische Herkunft aussagt, als für ihr Zeugnis von Gottes rettender Gnade im Leben einzelner«, heißt es in der Zusammenfassung der »Chicago-Erklärung«, in

der 1978 fundamentalistisch orientierte Christen ihren Glauben an die Irrtumslosigkeit der Bibel festhielten.
Die Bibel enthält viele Erzählungen, in denen es ums Lügen geht. Zum Beispiel die Geschichte von Jakob und Esau, in der Jakob sich als seinen Bruder ausgibt, um von seinem Vater Isaak den Segen als Erstgeborener zu bekommen (1. Mose 27). Oder die von seinem Sohn Josef, der seinen Brüdern zu hochnäsig schien, sodass sie ihn als Sklaven an ägyptische Händler verkauften und ihrem Vater seine blutgetränkten Kleider schickten, damit er glaubte, sein Sohn sei tot (1. Mose 37 12ff). Solche Geschichten allerdings werden die Verfechter der biblischen Irrtumslosigkeit wohl weniger beunruhigen, zeigen sie doch nur, wie ungerecht und eigennützig Menschen sein können.
Auf die Frage allerdings, warum in der Bibel steht, dass Gott den Menschen *nach* den Tieren erschaffen hat (1. Mose 20–27), und nur einige Zeilen weiter zu lesen ist, Adam sei *vor* Erschaffung der Tiere aus Lehm geknetet worden (1. Mose 2,7ff), hört man sie schon seltener etwas sagen. Und das ist nicht der einzige Widerspruch. Wie kann es denn sein, dass die Bibel sich so häufig uneins ist, wenn sie doch von Gott eingegeben und irrtumsfrei sein soll? Hat der Schreiber nicht richtig zugehört? Hat Gott selbst sich vertan? Sollte er sich nicht einmal an die letzten Worte seines Sohnes am Kreuz erinnern können? Matthäus berichtet: »Und um die neunte Stunde schrie Jesus laut: Eli, Eli, lama asabtani? Das heißt: Mein Gott, mein Gott, warum hast du mich verlassen? Aber Jesus schrie abermals laut und verschied« (Matthäus 27,46f). Lukas dagegen meint: »Und Jesus rief laut: Vater, ich befehle meinen Geist in deine Hände! Und als er das gesagt hatte, verschied er« (Lukas 23,46). Und bei Johannes ist zu lesen: »Als nun Jesus den Essig genommen hatte, sprach er: Es ist vollbracht!, und neigte das Haupt und verschied« (Johannes 19,30). Welcher der Evangelisten hat Recht? Auch bleibt unklar, wen die Frauen an Jesu Grab eigentlich trafen. War es ein Mann oder waren es zwei oder doch eher Engel? Und erzählten die Frauen den anderen Jüngern hinterher von ihrem Erlebnis? »Und sie

gingen wieder weg vom Grab und verkündigten das alles den elf Jüngern und den andern allen« (Lukas 24,9). Oder: »Und sie gingen hinaus und flohen von dem Grab; denn Zittern und Entsetzen hatte sie ergriffen. Und sie sagten niemandem etwas; denn sie fürchteten sich«? (Markus 16,8). Auch wenn es um Gottes eigene Einstellung zum Lügen geht, scheint er beim Diktieren ein wenig undeutlich gesprochen zu haben, oder wie soll man sich sonst erklären, dass er zwar nicht lügen kann, »denn es ist unmöglich, dass Gott lügt« (Hebräer 6,1), und den Menschen gebietet: »Du sollst nicht falsch Zeugnis reden wider deinen Nächsten« (2. Mose 20,16), dann aber Menschen zum Lügen anstiftet: »Nun siehe, der Herr hat einen Lügengeist gegeben in den Mund aller deiner Propheten« (1. Könige 22,23)? Und auch Jesus scheint sich seiner selbst nicht sicher zu sein, denn zunächst sagt er: »Wenn ich von mir selbst zeuge, so ist mein Zeugnis nicht wahr« (Johannes 5,31), nur wenig später aber: »Auch wenn ich von mir selbst zeuge, ist mein Zeugnis wahr« (Johannes 8,14).
In der Bibel ist von Dinosauriern, vom Urknall, vom Weltraum und von Evolution keine Rede, stattdessen spricht sie davon, dass Gott die Erde in sechs Tagen geschaffen hat, dass sich über der Himmelsfeste und unter der Erde Wasser befindet, dass Noah bei der Sintflut von allen Tierarten mindestens ein Paar auf einer Arche unterbringen konnte. Lauter Lügen? Die Verfechter der Irrtumslosigkeit bleiben dabei: Nicht die Bibel irrt, sondern die moderne Wissenschaft. Aber kann das die Lösung sein? Macht man sie in den Augen vernünftig denkender Menschen damit nicht erst zu einem Buch voller Lügen?
Ja, die Bibel enthält Unklarheiten und lässt sich nicht vollständig mit dem modernen Weltverständnis vereinbaren. Im Gegensatz zu jenen allerdings, die so gerne eine verlässliche und einfache Richtschnur hätten, um ohne Anstrengung entscheiden zu können, was für richtig oder für falsch gehalten werden muss, traut Gott den Menschen deutlich mehr zu. Er verkündet keine bequeme, unverrückbare Wahrheit, sondern er lässt die Menschen Erfahrungen machen und traut ihnen zu, etwas von ihm auch in

der Fülle an Erfahrungen, von denen die Bibel berichtet, zu erkennen. Sie verliert nicht, wie so viele befürchten, dadurch an Relevanz, dass man sie für von Menschen überliefert und nicht für irrtumsfrei hält. Die Widersprüchlichkeiten und unterschiedlichen Sichtweisen fordern vielmehr dazu auf, den überlieferten persönlichen Glauben mit der heutigen Lebenswelt neu in Bezug zu setzen, nachzudenken, selbst verantwortlich zu werden, statt Glaubenssätze unhinterfragt zu übernehmen. Gerade diese Offenheit macht die Bibel zu etwas Besonderem. In der Fülle an überlieferten Erfahrungen können sich Gläubige selbst wiederfinden oder sich durch ungewöhnliche Sichtweisen zum Nachdenken anregen lassen. Die Bibel ist gerade deshalb zu einem so reichen Buch geworden, weil sie für neue Erfahrungen und Interpretationen offen geblieben ist. Wer versucht, sie zur unverrückbaren, diktatorischen Wahrheit zu erheben, läuft Gefahr, ihren wirklichen Wert und ihre Lebendigkeit zu zerstören.

LUTHER ist der Heilige der Protestanten

Ob Martin Luther das gefallen hätte, als Heiliger bezeichnet zu werden? Es kommt sicher darauf an, was man darunter versteht. Die Auswüchse der katholischen Heiligenverehrung zu seiner Zeit haben Luther jedenfalls gar nicht gefallen. »Denn es ist ein Gott und ein Mittler zwischen Gott und den Menschen, nämlich der Mensch Christus Jesus« (1. Timotheus 2,5), zitiert er und kritisiert damit die Vorstellung, man könne sich durch Fürbittgebete zu den Heiligen einen besseren Ruf bei Gott verschaffen. Außerdem sieht er die Gefahr, dass die Heiligen wie kleine Götter für bestimmte Lebensbereiche angebetet werden und dass man sich von ihnen, statt von Gott selbst Hilfe erhofft. Der einzige Fürsprecher vor Gott sei Jesus, betont er, andere Fürsprecher seien überflüssig, jeder könne genauso gut auch direkt zu Gott beten. Damit verloren die Heiligen im Protestantismus an Bedeutung. Jahrhunderte lang betrachteten Protestanten die katholische Heiligenverehrung mit großer Skepsis und dem Verdacht, dass die Katholiken neben Gott auch noch die Heiligen anbeteten. Dennoch ist in den letzten Jahren auch unter Protestanten wieder vermehrt von »Heiligen« die Rede. Neben traditionellen Heiligen werden da unter anderem auch Dietrich Bonhoeffer genannt, Martin Luther King oder Dorothee Sölle. Natürlich käme kein Protestant auf die Idee, Fürbittgebete an sie zu richten. Es wird auch niemand offiziell nach kirchlichen Kriterien zum Kreis einiger weniger Heiliger hinzugezählt. Sie gelten vielmehr als Glaubensvorbilder. Schon Luther hatte ja nur den äußeren Kult kritisiert, den die Gläubigen um Heilige und ihre Reliquien praktizierten. »Dass man den Heiligen gedenken soll, damit wir unseren Glauben stärken, wenn wir sehen, wie ihnen Gnade widerfahren und auch wie ihnen durch den Glauben geholfen worden ist«, und dass man sich »an ihren guten Werken ein Beispiel nehmen« könne, hielt er durchaus für sinnvoll.

Solche Glaubensvorbilder können zum Beispiel zeigen, wie man für seinen Glauben einstehen kann, selbst wenn es unbequem oder gefährlich wird. Wie man im Vertrauen auf seinen Glauben an Gottes liebende, befreiende Gegenwart besonders da Einspruch erheben kann, wo andere schweigend wegschauen. Da, wo Menschen ihren Glauben kompromisslos, aber nicht rücksichtslos leben, kann Gott erfahrbar werden. Es lohnt sich auch für evangelische Christen, dieses Verständnis von Heiligkeit wiederzuentdecken.

Ob man als Lutheraner Luther für einen Heiligen, ein Vorbild halten sollte? Angesichts seiner Einstellung zum Bauernkrieg und vor allem seiner unhaltbaren Äußerungen den Juden gegenüber sollte man sich das heute gründlich überlegen.

M

Das frühe Christentum hat sich unter Anwendung von **MACHT** ausgebreitet.

Wahrhaft atemberaubend ist der Weg des Christentums in den ersten Jahrhunderten. Grundlegende theologische Entscheidungen werden getroffen. Die Kirche trennt sich von Irrlehre(r)n, formuliert Dogmen, die bis heute gelten. Theologen schaffen Denksysteme, die wegen ihrer kühnen Zusammenschau von Philosophie und Glaube, von Kirche und Kultur, von Wahrhaftigkeit und Wissenschaft ungebrochen Faszination ausüben.

Ausgerechnet einer der eifrigsten Christenverfolger, der pharisäische Jude Paulus, wird aufgrund einer visionären Christusoffenbarung zum Katapult des Christentums in die gesamte heidnische Mittelmeerwelt hinein. Die Abgrenzung vom jüdischen Glauben führte zum »Sieg« des Christentums.

Was machte den christlichen Glauben zum Sieger auf dem römischen multireligiösen Markt der Weltanschauungen? Vier Eigenschaften: *Wandlungsfähigkeit*. Die Urkirche behielt das eigene Glaubensprofil bei, nahm aber Elemente aus anderen populären Kulten auf, zum Beispiel mystische Sehnsüchte und asketische Übungen. *Wahrhaftigkeit*. Diejenigen Theologen setzten sich durch, die die heiligen Schriften des Judentums und die Jesusgeschichten nicht ergänzen, sondern redlich auslegen wollten. In einem leidenschaftlichen Prozess hat sich jener Glaube als orthodox herausgebildet, der weder unbequeme Texte der Bibel ausmerzte noch die Überlieferung durch eigene »Offenbarungen« ergänzte. *Leidensbereitschaft*. Für ihre Überzeugung ertrugen die Gläubigen schwerstes Leiden. Im Blick auf den Gekreu-

zigten schmolz die Angst vorm Tod dahin. Erlösungsgewiss ertrugen viele Christen das ihnen auferlegte Martyrium. Im Nachhinein erwiesen sich die grausamen Christenverfolgungen sogar als hilfreich für die Ausbreitung des christlichen Glaubens.
Gottesbild. Der Gott der Christen ist keine mythische Gestalt (wie die römischen Götter), er erschöpft sich nicht in zeitloser Wahrheit (wie die Philosophen behaupteten) und lässt sich nicht durch Opfer oder geheime Rituale beschwören (wie die Mysterienkulte es praktizierten). Dass Gott in Christus als Person zu den Menschen in die Geschichte eingetreten ist – dieser Gedanke war faszinierender als die kultische Anbetung weltabgewandter Gottheiten.
Das distanzierte, selbstbewusste Verhältnis zur römischen Staatsmacht hat schließlich – paradoxerweise! – zum Bündnis von Kaiser und Christentum geführt: Im Jahr 381 erklärt Kaiser Theodosius den christlichen Glauben zur Staatsreligion.

MARIA MAGDALENA war Prostituierte

Als freizügig gekleidete Schönheit mit langem, offenem Haar und sinnlichem Augenaufschlag, oft mit einem Salbentöpfchen in der Hand, so wird Maria Magdalena auf Gemälden aus unterschiedlichsten Jahrhunderten meist dargestellt. Eine Frau im Jüngerkreis Jesu, die eine so bedeutende Rolle gespielt hat, dass man sie in der späteren Überlieferung nicht einfach übergehen konnte, hat die Fantasien der Männer im Laufe der Zeit immer wieder beflügelt. Erzählungen von namenlosen Sünderinnen und Ehebrecherinnen wurden schon früh mit ihrem Namen verknüpft, und auch heute noch kursieren Legenden, die besagen, Maria habe ein intimes Verhältnis zu Jesus gehabt und nach seinem Tod ein Kind von ihm bekommen.

Was aber wissen wir wirklich über Maria Magdalena? In welchem Verhältnis stand sie zu Jesus und seinen Jüngern? Und war sie wirklich Prostituierte? Maria aus Magdala gehörte zu den Frauen, die durch Jesus »von bösen Geistern und Krankheiten« (Lukas 8,2) geheilt wurden. Sie schloss sich den Nachfolgern Jesu an, sorgte, wie andere Frauen auch, für den Lebensunterhalt Jesu und seiner Gruppe und war Zeugin seiner Kreuzigung und Grablegung. Der Evangelist Johannes berichtet, Maria Magdalena sei der erste Mensch gewesen, dem der Auferstandene erschienen ist. Sie war wohl nicht verheiratet, und Vermutungen darüber, dass sie eine erotische Beziehung zu Jesus gehabt haben könnte, kamen schon früh auf und wurden in Legenden und in der Kunstgeschichte immer weiter ausgemalt, obwohl es weder dazu noch zu ihrem weiteren Schicksal zuverlässige Hinweise gibt. Und die Prostituierte? Im sechsten Jahrhundert setzte Papst Gregor der Große Maria Magdalena mit der später als Prostituierte angesehenen Sünderin gleich, die Jesus mit ihren Tränen die Füße wusch, mit ihren Haaren trocknete und mit kostbarem Öl salbte und der Jesus ihre Schuld vergab. Obwohl es in der Bibel keine Anhaltspunkte für diese Gleichsetzung gibt, greifen spätere Legenden – und die Fantasien der Autoren – diese Vorstellung gerne auf und schmücken sie immer weiter aus. Aus purem Wohlergehen sei Maria Magdalena zur Sünderin geworden, heißt es zum Beispiel in einer Legende aus dem 13. Jahrhundert: »Eine Burg Magdala ist ihr Besitz, und weil es ihr so wohl ist, wird sie zur Sünderin.« Maria Magdalena als Prostituierte oder Mutter eines Kindes Jesu – wohl eher ein Produkt männlicher Fantasie, die Frauen ungern als gleichberechtigte Jüngerinnen und wichtige Zeuginnen der Auferstehung Jesu, sondern lieber als sündige Verführerinnen sehen will.

MYSTIK ist eine vergangene Epoche der Kirchengeschichte

»Es gibt hier viele, die Licht und Wahrheit gesucht haben, immer aber nur außen, wo sie nicht war. Denn die Wahrheit ist innen in dem Grund und nicht außen« (Meister Eckhart).

Nein, eine Epoche der Kirchengeschichte ist Mystik nicht, auch keine Besonderheit des christlichen Glaubens. In allen Religionen suchen Menschen immer wieder nach einer unmittelbaren Erfahrung göttlicher Gegenwart, einer Erfahrung, die über Alltagsbewusstsein und Verstand hinausgeht. Das Zitat des Mystikers Meister Eckhart (1260–1328) macht es so deutlich wie der vom griechischen Verb myein – »die Augen schließen« – abgeleitete Begriff selbst: Hier geht es nicht um die intellektuelle oder wissenschaftliche Auseinandersetzung mit äußeren Dingen oder Gedanken, sondern um ein individuelles religiöses Erleben. Es kann sowohl ganz spontan als auch hervorgerufen durch Versenkung, Meditation oder Tanz und Ekstase erfahrbar werden. Die Mystikerin Teresa von Avila (1515–1582) formulierte das so: »Die Vernunft ist gut, aber besser ist die Liebe, die uns der Vernunft entreißt. Es kommt nicht darauf an, viel zu denken, sondern viel zu lieben.« Ziel ist es, für Augenblicke die Grenze zwischen Menschlichem und Göttlichem aufzuheben, achtsam zu werden und sich zu öffnen für das, was hinter den Dingen aufscheint. Auch Luther war offen für Gedanken der Mystik, die im Mittelalter besonderen Einfluss auf das Glaubensleben gewonnen hatte. »Gleichwie die Sonne in einem stillen Wasser gut zu sehen ist und es kräftig erwärmt, kann sie in einem bewegten, rauschenden Wasser nicht deutlich gesehen werden. Darum, willst du auch erleuchtet und warm werden durch das Evangelium, so gehe hin, wo du still sein und das Bild dir tief ins Herz fassen kannst, da wirst du finden Wunder über Wunder«, meinte er und weist damit gleichzeitig darauf hin, dass es in der christlichen Mystik immer auch um eine Rückbindung der Gotteserfahrung an die christliche Botschaft geht. Christliche Mystik bleibt nicht Selbstzweck, sie bleibt nicht in esoterischer Selbstversunkenheit stecken: »Der Mensch soll nicht die Dinge fliehen und sich in eine Einöde begeben, sondern er muss lernen, durch die Dinge hindurchzubrechen und seinen Gott darinnen zu ergreifen«, sagte Meister Eckhart. Und Franz von Assisi (1182–1226) bat Gott: »Mache, dass ich danach trachte zu trösten, statt getröstet zu werden, zu verstehen, statt verstanden zu werden, zu lieben, statt geliebt zu werden. Denn wir können nur empfangen, wenn wir geben.« Das Glück solcher Erfahrungen liegt nicht in dem Moment der Erfahrung allein, es wird erst wirklich wirksam, wenn man es nicht für sich behält, sondern etwas davon weitergibt, wenn es sich im eigenen Handeln und Leben anderen Menschen mitteilt.

Ein Wiederentdecken solch emotionaler Glaubenserfahrungen kann auch für uns heute wertvoll sein. »Gott kann nicht durchsucht und durchsiebt werden nach Menschenart, weil in Gott nichts ist, was nicht Gott ist« (Hildegard von Bingen, 1098–1179), wie wir in unserer rationalen Herangehensweise heute viel zu oft meinen und uns damit einer wichtigen Dimension unseres Menschseins berauben. Der Theologie Karl Rahner (1904–1984) meinte sogar: »Die Kirche der Zukunft wird mystisch sein – oder sie wird nicht mehr sein.« Aufmerksam werden, sich öffnen für Gott, wieder staunen lernen wie ein Kind, das einen Schmetterling beobachtet, das ist gar nicht so schwierig oder abgehoben, wie es zunächst vielleicht klingt. »Du brauchst Gott weder hier noch dort zu suchen; er ist nicht weiter als vor der Tür des Herzens. Dort steht er und harrt und wartet.« Das wusste schon Meister Eckhart. Aber er wusste auch, was – schon damals und in unserer schnelllebigen, hektischen Gegenwart sicher umso mehr – das größte Problem des Menschen dabei ist: »Gott ist immer in uns, nur wir sind so selten zu Hause.«

N — Christen sind die **NACHFOLGER** der Juden

Ein Irrtum mit verheerenden Folgen von Ausgrenzung und Hass bis hin zur Schoa, dem Mord an sechs Millionen Juden während der Zeit des Nationalsozialismus. Wie konnten Christen an dieser unfassbaren Zuspitzung irrationalen Hasses mitwirken, obwohl doch Jesus selbst Jude war?
Zu Beginn waren die Christen lediglich eine kleine Sekte innerhalb des Judentums. Als immer mehr ehemalige Heiden sich dieser Sekte anschlossen, beschrieb Paulus in einem Brief an die Gemeinde in Rom, wie er sich das Verhältnis zwischen Juden und Heidenchristen vorstellte. Die Heidenchristen seien wie »ein wilder Ölzweig in den Ölbaum eingepfropft worden« und hätten nur dadurch teil »an der Wurzel und dem Saft des Ölbaums« (Römer 11,17). Ein neuer Zweig neben anderen am Baum des Volkes Gottes, eine schöne Vorstellung, die sich allerdings allzu lange nicht durchsetzte. Schon früh gab es Spannungen zwischen Juden und Christen und die Wege gingen auseinander. Während die Juden auf die Ankunft eines Messias warten, erwarten die Christen Jesu Wiederkunft. Sie begannen, sich immer stärker in Abgrenzung gegen die Juden zu behaupten. Obwohl alle Evangelien die Römer für die Kreuzigung Jesu verantwortlich machen, findet die später von den Christen erhobene Behauptung, die Juden seien Schuld an Jesu Tod gewesen, ihren Nährboden schon im Matthäusevangelium. Der Evangelist lässt im Bericht über den Prozess vor Pilatus das jüdische Volk den verhängnisvollen Satz rufen: »Sein Blut komme über uns und unsere Kinder!« (Matthäus 27,25).

Schon am Ende des ersten Jahrhunderts stehen sich Judentum und Christentum unvereinbar gegenüber. Christen beziehen die alttestamentlichen Verheißungen wie selbstverständlich nur auf sich und verstehen sich als Nachfolger der Juden, die sie für von Gott verworfen halten, da sie den Anspruch der Christen, sich zu Jesus Christus zu bekennen, nicht erfüllen wollen. Im Mittelalter führten kirchliche und staatliche Unterdrückung zu weiterer Ausgrenzung der Juden, die in den Städten in Ghettos wohnen mussten und, von der Einschleppung von Seuchen bis hin zu Morden und sozialen Ungerechtigkeiten, grundlos für alles Unglück in der Gesellschaft verantwortlich gemacht wurden. Hass und Unmut der Menschen richteten sich immer wieder gegen die Juden. Trotz ihrer Rückbesinnung auf die Bibel und der Wertschätzung auch des Alten Testaments sahen sich auch die Reformatoren nicht berufen, für eine Verbesserung des Verhältnisses zwischen Juden und Christen einzutreten. Ganz im Gegenteil: Luther trug mit seinem Judenhass und seinen antijüdischen Schriften noch zu einer Verfestigung der Vorurteile bei. Zur Zeit des Nationalsozialismus wurden seine Schriften triumphierend zitiert und für die ideologische antisemitische Haltung instrumentalisiert.

Vor diesem Hintergrund konnte der Schriftsteller Elie Wiesel nach der Schoa mit gutem Recht formulieren: »Der nachdenkende Christ weiß, dass in Auschwitz nicht das jüdische Volk gestorben ist, sondern das Christentum.« Und erst vor diesem Hintergrund reagierten die Kirchen und wendeten sich erstmals ausdrücklich gegen die Vorstellung, die Christen hätten die Juden als Volk Gottes abgelöst. Gottes Verheißung für die Juden sei immer gültig geblieben, hieß es nun. Die Arbeitsgruppe »Juden und Christen« auf dem Deutschen Evangelischen Kirchentag 1961 bekannte sich zur Schuld der Christen und formulierte unter anderem: »Juden und Christen sind unlösbar verbunden. Aus der Leugnung dieser Zusammengehörigkeit entstand die Judenfeindlichkeit in der Christenheit. Eine neue Begegnung mit dem von Gott erwählten Volk wird die Einsicht bestätigen oder neu erwecken, dass Juden und Christen gemeinsam aus der Treue Gottes leben.« Auch die katholische Kirche zeigte auf dem Zweiten Vatikanischen Konzil die gemeinsamen Wurzeln von Judentum und Christentum auf und gestand ein, dass Juden auch im Namen der Kirche immer wieder verfolgt worden waren.

Nein, die Christen sind nicht die Nachfolger der Juden, viel eher passt das Bild von den unterschiedlichen Zweigen an dem einen Ölbaum. Jesus war Jude und ist es auch immer geblieben, man kann ihn nicht unabhängig von seinem Volk verstehen, genauso wenig wie man das Christentum ohne seine Wurzeln im Judentum verstehen kann. Das Bekenntnis zu dem einen Gott, die Schriften des Alten Testaments, ethische Vorstellungen, Psalmengebete, die Schöpfungsvorstellungen und auch der Jude Jesus von Nazareth verbinden Judentum und Christentum bis heute. Auch die Christen sind nur ein Zweig am Ölbaum des Volkes Gottes. Daher sollten Christen die Mahnung, die Paulus schon an die Römer richtete, nie wieder vergessen: »So rühme dich nicht gegenüber den Zweigen. Rühmst du dich aber, so sollst du wissen, dass nicht du die Wurzel trägst, sondern die Wurzel trägt dich« (Römer 11,18).

Im **NATIONALSOZIALISMUS** waren alle Christen Mitläufer

Dietrich Bonhoeffer formulierte schon im Jahr 1940 zur Mitschuld der Kirche an der Schoa: »Sie war stumm, wo sie hätte schreien müssen, weil das Blut der Unschuldigen zum Himmel schrie. Die Kirche bekennt, die willkürliche Anwendung brutaler Gewalt, das leibliche und seelische Leiden unzähliger Unschuldiger, Hass und Mord gesehen zu haben, ohne ihre Stimme für sie zu erheben, ohne Wege gefunden zu haben, ihnen zu Hilfe zu eilen. Sie ist schuldig geworden am Leben der schwächsten und wehrlosesten Brüder Jesu Christi.« Der Berliner Pfarrer Dietrich Bonhoeffer war Mitbegründer der Bekennenden Kirche, die in Opposition zu den Deutschen Christen die Ansicht vertrat, die Kirche solle nicht deutsch werden und sich gleichschalten lassen, sondern sich einzig Christus und das Wort Gottes zum Maßstab nehmen. Wegen seiner Beteiligung am misslungenen Attentat auf Hitler am 20. Juli 1944 wurde er 1945 im Konzentrationslager Flossenbürg hingerichtet. Immer wieder hatte er darauf aufmerksam gemacht, dass die Kirche sich nicht heraushalten dürfe, wenn grundlegende Menschenrechte verletzt werden.

Nur wenige Christen leisteten allerdings aktiven Widerstand gegen den Nationalsozialismus, und die Kirchen waren vor allem mit der Sicherung und Positionierung ihrer eigenen Institution beschäftigt. Man beschränkte sich vorrangig auf die geistlichen Aufgaben und protestierte nur dann, wenn eigene Kirchenmitglieder in Gefahr waren. Das Schicksal der Juden und anderer verfolgter Gruppen geriet dabei mehr oder weniger aus dem Blick.

Dennoch waren nicht alle Christen Mitläufer. Einige setzten sich aktiv zum Schutz der verfolgten Mitmenschen ein. So engagierten sich zum Beispiel der Berliner Dompropst Bernhard Lichtenberg und Margarete Sommer für den Schutz verfolgter Juden. Bernhard Lichtenberg starb nach seiner Verhaftung auf dem Weg ins Konzentrationslager. Die Stadtvikarin Katharina Staritz unterstützte in Breslau getaufte Juden und kam dafür 1942 ein Jahr lang ins Konzentrationslager Ravensbrück. Der Pfarrer Friedrich von Bodelschwingh, Leiter der Bethelschen Anstalten, weigerte sich, Angaben zu den Kranken in Bethel weiterzugeben; so wurden weniger behinderte Menschen aus seiner Anstalt ermordet als aus Anstalten, die Krankenlisten weitergaben. Der Münsteraner Bischof Clemens August Graf von Galen protestierte gegen das Euthanasieprogramm, also die Ermordung Behinderter, und andere Gewaltakte der Gestapo und warnte am 3. August 1941 in einer Predigt unter anderem: »Wehe den Menschen, wehe unserem deutschen Volke, wenn das heilige Gebot Gottes ›Du sollst nicht töten‹ nicht nur übertreten, sondern wenn diese Übertretung sogar geduldet und ungestraft ausgeübt wird.« Wohl wegen seiner großen Bekanntheit und Beliebtheit wurde er trotz weiterer Kritik am Naziregime nicht verhaftet. Er konnte seine Kollegen ebenfalls zu Protesten bewegen und so zur Einschränkung des Euthanasieprogramms beitragen. Dies sind nur einige der Christen, die sich gegen das Mitläufertum entschieden und sich aktiv gegen das Vorgehen der Nationalsozialisten gestellt haben.

Dennoch konnte der Pfarrer Ernst Wilm, der wegen seines Protests gegen das Euthanasieprogramm einige Jahre im Konzentrationslager Dachau inhaftiert war, nach dem Krieg, ähnlich wie Dietrich Bonhoeffer schon 1940, mit Recht sagen: »Die ganze Kirche hätte laut rufen müssen zu dem Mord an Kranken, zu dem Mord an Juden, zu dem Mord an Polen, Russen und Tschechen.«

Gott kann man nicht in der **NATUR**, sondern nur in Kirchen finden

»Gott kann nicht geschaut werden, sondern wird durch die Schöpfung erkannt.« So drückte es die Mystikerin Hildegard von Bingen (1098–1179) aus. Der Apostel Paulus hatte dies schon erkannt, als er an die Römer schrieb: »Denn Gottes unsichtbares Wesen, das ist seine ewige Kraft und Gottheit, wird seit der Schöpfung der Welt ersehen aus seinen Werken, wenn man sie wahrnimmt« (Römer 1,20). Gott wohnt nicht in Kirchen, sondern in und unter den Menschen. Aber auch da lässt sich Gott nicht einfach verorten, er ist an keinen Ort gebunden, er ist mit

allem verbunden. In seiner Schöpfung und durch sie hindurch lässt sich etwas von ihm erahnen. Vielleicht ist es dieses Göttliche, das in der Natur aufzuschimmern scheint, das die Menschen immer wieder hinauszieht in Wälder, an Seen, in die Berge oder ans Meer. Um Atem zu schöpfen, den Alltag hinter sich zu lassen, zur Ruhe zu kommen, sich berühren zu lassen von der Fülle der Natur, dem Schöpfer in all dem nachzuspüren.
Dabei geht es allerdings nicht darum, die Natur zu vergöttlichen, aus Bäumen und Blumen Götter zu machen. »Etliche Leute wollen Gott mit Augen schauen, so wie sie eine Kuh betrachten, und wollen Gott genauso lieben, wie sie eine Kuh lieb haben«, stellte schon Meister Eckhart (1260–1327) fest. Gott lässt sich genauso wenig verdinglichen und ganz in diese Welt hineinholen, wie er sich verorten lässt. Nicht die Schöpfung ist Gott, sondern die Welt ist Gottes Schöpfung. Diejenigen, »die Gottes Wahrheit in Lüge verkehrt und das Geschöpf verehrt und ihm gedient haben statt dem Schöpfer« (Römer 1,25), warnte schon Paulus vor diesem Irrtum. Christen verstehen Gott als den Schöpfer hinter allen Dingen, den ganz anderen, von dem die Natur in ihrer Schönheit eine Ahnung aufschimmern lassen kann. »Der wahrhaft Liebende liebt Gott in allem und findet Gott in allem«, meinte Meister Eckhart und »Gott ist auch an allen Orten, und an jedem Ort ist Gott ganz. Das will so viel sagen, dass alle Orte ein Ort Gottes sind.« Franz von Assisi (1182–1226) betonte immer wieder: »Alle Gebilde der Schöpfung sind Kinder des einen Vaters und daher Brüder.« Auch das kann uns ein Gang in die Natur sagen: Wir sollten acht geben auf alle diese Geschwister, damit sie nicht an uns sterben.

10 **OSTEREIER** haben nichts mit dem Glauben zu tun

Spätestens wenn die ersten Tulpen und Narzissen blühen, hängen sie überall in den Vorgärten, schon kurz nach Weihnachten sieht man sie in allen Variationen in den Schokoladenregalen der Supermärkte, und wenn die Kinder erst durch die Gärten streifen, um nach ihnen zu suchen, dann ist wirklich Ostern. Ostereier, nicht wegzudenken aus der Osterzeit, aber was haben diese bunten Eier denn überhaupt mit Ostern zu tun? Im Neuen Testament kommen Eier jedenfalls nur am Rande vor. Der Ursprung dieser Tradition liegt im Dunkeln, aber schon in Grabstätten aus dem vierten Jahrhundert wurden gefärbte Eier gefunden. Bereits in vorchristlicher Zeit galt das Ei als Symbol des neuen Lebens, das aus scheinbar Totem hervorgeht. So konnte es von den Christen schnell als Symbol der Auferstehung übernommen werden. Wie ein Kücken aus dem Ei schlüpft, stellten sich die Menschen vor, so kam auch der auferstandene Jesus lebendig aus seinem verschlossenen Grab. Da in der Fastenzeit vor Ostern auf tierische Nahrungsmittel verzichtet wurde, wurden Eier, die später auch kunstvoll bemalt und verziert wurden, zu beliebten Ostergeschenken. Wer nicht gleich nach dem letzten Schokoweihnachtsmann die ersten Ostereier nascht, sondern stattdessen versucht, in der Fastenzeit auf Süßigkeiten zu verzichten, kann diese Freude auf das Besondere auch mit Schokoladeneiern heute noch erleben. Und was diese Eier mit Jesus und dem christlichen Glauben zu tun haben, kann er nun auch erklären.

ORTHODOXE Christen sind eine Randgruppe

Nein, eine Randgruppe ist die drittgrößte christliche Gemeinschaft der Welt ganz sicher nicht, auch wenn die Orthodoxie hierzulande den meisten Menschen fremd oder doch zumindest befremdlich scheinen mag. Dabei gibt es mittlerweile auch in Deutschland in jeder größeren Stadt orthodoxe Gemeinden. Es lohnt sich, diese Richtung des christlichen Glaubens näher kennenzulernen. Die Bezeichnung »orthodox« lässt sich unterschiedlich herleiten. Sie kann zum einen »rechtgläubig«, zum anderen aber auch »recht lobpreisend« bedeuten und beschreibt damit das Selbstverständnis der orthodoxen Christen sehr treffend. Sie verstehen sich als die eine ursprüngliche Kirche, die die Traditionen und Lehren der ersten Christen am genauesten bewahrt hat und von der sich alle anderen Kirchen im Laufe der Zeit abgespalten haben. In ihrer reichen und symbolhaltigen Liturgie, deren Tradition bis mindestens ins vierte Jahrhundert zurückreicht, sehen sie einen Ausdruck ihrer Rechtgläubigkeit und den Mittelpunkt ihres Glaubens.

Um das Jahr 1000 herum waren die kulturellen und theologischen Differenzen zwischen der Westkirche mit ihrem Zentrum in Rom und der Ostkirche mit ihrem Zentrum in Konstantinopel so groß geworden, dass man sich nicht mehr in allen Fragen des Glaubens einig werden konnte. Es kam zu einer Spaltung der Kirche, aus der die orthodoxen Kirchen des Ostens hervorgingen. Ihnen war es besonders wichtig, den Glauben in der von ihnen als ursprünglich angesehenen Form zu erhalten. An der römisch-katholischen Kirche im Westen kritisierten sie, dass sie unter dem Einfluss der Germanenmission auch neue Motive in den Glauben aufgenommen hatte. Trotz der Vielfalt in der Ausprägung des orthodoxen Christentums in den unterschiedlichen Ländern des Ostens, die dem westlichen Betrachter verwirrend erscheinen mag, versteht sich die orthodoxe Kirche grundsätzlich als eine Einheit. Im Zentrum der orthodoxen Gläubigkeit steht die oft eng mit Theologie und Brauchtum verknüpfte Liturgie, die den Glauben über Symbole und Gesänge unmittelbar sinnlich erfahrbar macht. Es heißt poetisch, in der Liturgie werde ein Dialog zwischen Himmel und Erde geführt. Eine ähnliche Vorstellung kommt auch in der Ikonenverehrung zum Ausdruck. Ikonen sind meist auf Holzplatten gemalte Bilder, die auf streng überlieferte Weise Heilige oder Szenen aus dem Leben Jesu darstellen. Während der Liturgie küssen die Gläubigen die Ikonen oder fallen vor ihnen nieder. Zu Hause haben gläubige Orthodoxe eine Ikonenecke, vor der gebetet und in der Kerzen angezündet werden. Auch Miniaturikonen gibt es, die Menschen zum Beispiel auf Reisen begleiten. Für die Gläubigen sind die Ikonen keine einfachen Bilder, sondern eine Art Fenster zum Göttlichen, das der Mensch nicht unmittelbar wahrnehmen kann. Der Kirchenvater Johannes von Damaskus (ca. 650–750) meinte: »Die Ehre, die dem Bilde erwiesen wird, geht auf das Urbild zurück.« Mit der Verehrung der Ikonen wird also letztlich Gott geehrt. Orthodoxe Christen bekennen ihren Glauben mit dem Glaubensbekenntnis von Nizäa-Konstantinopel, das auch in katholischen und evangelischen Gottesdiensten zu besonderen Anlässen gesprochen wird, allerdings in seiner ursprünglichen Fassung ohne den späteren westlichen Zusatz, dass der Heilige Geist auch vom Sohn ausgehe.

Die orthodoxe Kirche kennt sieben Mysterien, die in etwa den sieben Sakramenten der katholischen Kirche entsprechen. Die Diakonen-, Priester- und Bischofsweihe können nur Männer empfangen. Während Diakone und Priester verheiratet sein dürfen, sofern die Ehe vor der Weihe geschlossen wurde, leben die Bischöfe, die meist gleichzeitig Mönche sind, auch in der orthodoxen Kirche im Zölibat. Einen orthodoxen Papst gibt es nicht, jedoch hat der Patriarch von Konstantinopel den Ehrenprimat über fast alle orthodoxen Kirchen inne. Der Orthodoxie ist die Einheit der Kirche sehr wichtig, deswegen setzte sie sich schon früh für ökumenische Gespräche ein. So sind sie auch Mitglied im »Ökumenischen Rat der Kirchen«, in dem sich über einhundert Kirchen der ganzen Welt zusammengeschlossen haben. Trotzdem gibt es bis heute Differenzen sowohl zur katholischen Kirche als auch zu den evangelischen. Dennoch: Es lohnt sich, im Gespräch zu bleiben, einander besser kennenzulernen und auch von einander zu lernen. Gerade evangelische Christen können im Kontakt zu den Orthodoxen den Wert eines symbolisch und mystisch geprägten Zugangs zum Glauben neu entdecken.

P

Es gab eine PÄPSTIN

Etwas Unvorstellbares soll Anfang des Jahres 858 während einer Prozession in der Nähe des Lateran-Palasts in Rom geschehen sein. Papst Johannes VIII., der die Prozession anführte, sei plötzlich niedergefallen und habe ein Kind zur Welt gebracht, heißt es. Zweieinhalb Jahre lang soll eine Frau als Mann verkleidet das Papstamt innegehabt haben.

Die aus dem dreizehnten Jahrhundert stammende und immer weiter ausgeschmückte Legende, die selbst die Päpste lange Zeit glaubten, bietet auch heute noch Stoff für immer neue Spekulationen, Bücher und Filme. Was ist dran an dieser Geschichte? Die Legende erzählt von einem aus Mainz oder England stammenden Mädchen, das von seinem Vater eine gute Ausbildung erhalten hat und dann verkleidet als junger Mann in Athen studiert haben soll. Sie sei dann nach Rom gegangen, dort durch ihre Bildung und ihr großes Wissen aufgefallen und 855 nach dem Tod des Papstes Leo IV. als Johannes Anglicus zum Papst gewählt worden. Während ihrer Amtszeit soll sie mehrere Liebschaften gehabt haben und schließlich schwanger geworden sein. Um zu verhindern, dass jemals wieder versehentlich eine Frau auf dem Stuhl Petri Platz nehme, heißt es in fantasievoller Weiterführung der Legende, habe sich von da an jeder neu gewählte Papst zunächst auf einen Stuhl mit Loch niederlassen müssen. Ein Priester sei dann unter diesen Stuhl gekrochen und habe unter dem Gewand des Papstes nach dessen Männlichkeit gefühlt. Rief dieser Priester »Habet!« – »Er hat!« –, konnte der Gewählte Papst werden. Gerade wegen ihrer Anstößigkeit möchte man diese Geschichten doch zu gerne glauben. Allerdings kamen schon früh Zweifel an ihrer Echtheit auf und alle angeblichen Belege für die tatsächliche Existenz einer Päpstin lassen sich schnell widerlegen. Der wirkliche Nachfolger von Papst Leo IV. war Benedikt III., der auch nicht, wie manch einer behauptet, von der katholischen Kirche erfunden wurde, um die Existenz der Päpstin zu verschleiern, denn er ist auf zeitgenössischen Münzen abgebildet und seine Korrespondenz ist heute noch erhalten. Dass die Päpste eine »Vicus Papessa« genannte Gasse zwischen Lateran und Vatikan seit jener Zeit mieden, liegt wohl eher daran, dass sie für große Prozessionen zu eng war, als daran, dass die angebliche Päpstin hier ein Kind gebar, zumal der Name »Papessa« nicht auf die Päpstin, sondern auf die damals in Rom lebende Adelsfamilie Papes hinweist. Eine schöne Legende, die die Sensationslust der Menschen anstachelt, aber vermutlich nur darauf zurückzuführen ist, dass ein Satiriker dem echten Papst Johannes VIII., der erst einige Jahre später regierte, wegen seines zurückhaltenden und nachgiebigen Verhaltens in der Diskussion mit dem Patriarchen von Konstantinopel einmal weibliche Charakterzüge unterstellte.

Wer Christ ist, muss **PAZIFIST** sein

Ist im Alten Testament vom Frieden, von »Schalom«, die Rede, meint das mehr als nur die zeitweilige Abwesenheit von Krieg. Schon dass der Begriff in semitischen und arabischen Sprachen bis heute als geläufiger Gruß gilt, zeigt, dass mehr an Bedeutung in ihm steckt. »Schalom« bedeutet nicht nur Freiheit von Unheil, sondern auch Wohlergehen, Sicherheit, Gesundheit und Ruhe. Frieden wird nicht als Zustand ohne Krieg angesehen, sondern als eine Art Prozess, an dem die zusammenlebenden Menschen und auch Gott beteiligt sind, um ihn zu erhalten.

Jesus knüpfte an diese Vorstellungen an. Im Mittelpunkt seiner Überlegungen steht nicht die Politik, sondern der einzelne Mensch, der sich in Gewissheit um das anbrechende Gottesreich schon jetzt vor Gott verantworten und mit seiner Umwelt versöhnen sollte. »Blinde sehen und Lahme gehen, Aussätzige werden rein und Taube hören, Tote stehen auf und Armen wird das Evangelium gepredigt« (Matthäus 11,5) – wenn all das schon hier auf Erden geschieht, zeigt Jesus seinen Jüngern, dann wird schon hier etwas vom Frieden des Gottesreichs spürbar. »Selig sind, die Frieden stiften; denn sie werden Gottes Kinder heißen« (Matthäus 5,9), sagt er in der Bergpredigt. Christliche Theologen streiten bis heute darüber, wie denn die radikalen Forderungen Jesu für die gegenwärtige Gesellschaft zu verstehen seien. Müssen Christen Pazifisten sein? Die ersten Christen hätten eindeutig mit »ja« geantwortet. Sie trugen keine Waffen, zogen nicht in den Krieg und bemühten sich, streng nach Jesu Gebot der Nächsten- und Feindesliebe zu leben. Der Kirchenvater Origenes (185–254) meinte dazu: »Lassen wir uns nicht dazu bewegen, ihm als Soldaten zu dienen, auch nicht, wenn er oder die Not es verlangt. Wir kämpfen für den Kaiser, indem wir durch unsere Gebete ein Heer der Frömmigkeit bilden.«

Das änderte sich jedoch schnell, als Kaiser Konstantin (306–337) die Kirchen offiziell anerkannte. Schon im Jahr 314 wurde auf einer Synode in Arles beschlossen, dass auch Christen Kriegsdienst leisten dürfen. Kirchenvater Augustinus (354–450) hielt Krieg für von Gott erlaubt und sah darin keinen Widerspruch zu einem christlichen Leben. Er stellte Grundsätze für einen »gerechten Krieg« zusammen, wonach unter anderem genau darauf zu achten sei, ob ein triftiger Grund, zum Beispiel die letzte Möglichkeit zur Selbstverteidigung, gegeben sei und ob mit legitimen Absichten und nicht nur aus Rache oder Eroberungswille gekämpft werde.

Luther führte diese Gedanken mit Hilfe seiner sogenannten Zwei-Reiche-Lehre weiter. Als Angehörige des Reiches Gottes könnten Christen schon hier auf Erden friedfertig nach der Bergpredigt leben, meinte er. Da ein Christ allerdings zugleich Angehöriger des weltlichen Reiches bleibe, müsse er gegebenenfalls auch zum Schwert greifen, um die gottgegebene Ordnung zu erhalten. Dietrich Bonhoeffer wollte sich dem Nazi-Terror in Anlehnung an Gandhis Idee des gewaltlosen Widerstands zunächst gewaltfrei entgegenstellen. Als er jedoch erkannte, dass die Ermordung Hitlers Millionen Leben retten könnte, gab er seine rein pazifistische Haltung auf und beteiligte sich am Attentat auf Hitler. »Es gibt Situationen, in denen man das Gebot ›Du sollst nicht töten‹ brechen muss, um es zu erfüllen«, meinte er. Er blieb sich dabei jedoch bewusst, dass man sich durch Gewalt immer schuldig mache. Doch manchmal werde der Untätige erst recht schuldig.

»Selig sind, die Frieden stiften!« Frieden stiften, das bedeutet eben mehr, als nur selbst gewaltlos zu leben. Es bedeutet, sich aktiv einsetzen für Menschlichkeit, Gerechtigkeit und den Schutz der Schöpfung als Lebensgrundlage für alle. Nur wenn Christen bewusst und verantwortlich immer wieder unterschiedliche Wege gehen, um dies zu verwirklichen, können sie daran mitwirken. Wer auf Gewalt verzichtet, zeigt auf, wie das Zusammenleben eigentlich funktionieren sollte. Wer eingreift, zur Not auch mit Gewalt, verhindert eventuell noch größeres Unrecht. Jesu Bergpredigt erinnert Christen aber immer wieder daran, dass Gewalt nie eine dauerhafte Lösung bringen kann. Krieg bleibt immer Unrecht, egal, wie gerechtfertigt seine Motive auch erscheinen mögen. Nicht um den Krieg sollte es den Christen gehen, sondern darum, wie sie sich aktiv am Frieden beteiligen können.

Das klingt plausibel. Schließlich nennt sich der Papst offiziell »Nachfolger des Apostelfürsten« und bezieht sich damit ausdrücklich auf Petrus. Und auf Jesus, der seinem Jünger Petrus die sogenannte Schlüsselgewalt übergeben hat, also die göttliche Macht auf Erden. »Alles, was du auf Erden binden wirst, soll auch im Himmel gebunden sein«, soll Jesus zu Petrus gesagt haben, »und alles, was du auf Erden lösen wirst, soll auch im Himmel gelöst sein.«
Wenn sich nun der Papst qua Amt als Petrus sieht, müsste dann nicht auch Petrus ein Papst gewesen sein? Mitnichten. Das Papstamt ist Ergebnis einer längeren Entwicklung. Die beginnt etwa im Jahr 100, als die römische Kirchengemeinde ihren Vorrang gegenüber anderen Gemeinden betont. Gut hundert Jahre später ist der erste römische Bischof aktenkundig. Der Kirchenvater Cyprian († 258) behauptete, der Bischof Roms sei Nachfolger des Petrus. Rom wurde immer mächtiger, das Papstamt auch – um 1200 beansprucht der Papst nicht nur, Nachfolger des Petrus, sondern darüber hinaus Stellvertreter Christi zu sein. Ein steiler Anspruch, gekrönt vom Dogma, in Glaubensangelegenheiten sei der Papst unfehlbar. Dem Fischer Petrus hingegen wurde die eigene Fehlbarkeit schmerzlich bewusst. Spontan hatte er sich dazu entschlossen, dem Wanderprediger Jesus zu folgen. Sein Wille war groß, doch sein Glaube blieb klein. Als er Jesus auf dem Wasser wandeln sah, wollte er es ihm nachmachen – und versank im See. Als »Kleingläubiger« musste er sich tadeln, sogar als »Satan« beschimpfen lassen. In Jerusalem, im Garten Gethsemane, hatte Jesus Petrus um Beistand gebeten: »Wache mit mir!« Doch er schlief mehrmals ein. Schließlich, nach Jesu Gefangennahme, verleugnete Petrus sogar seinen Herrn, dem er ewige Treue geschworen hatte. Bitterlich weinte er über seine eigene Feigheit.
Die Frage liegt auf der Hand: Wieso eigentlich wird eine so unvollkommene Gestalt zum wichtigsten Führer der Urchristen-

heit? »Gott liebt Versager«, könnte die Antwort lauten. So einfach macht es uns die Bibel und die Kirchengeschichte freilich nicht. Das Bild, das sie von Petrus zeichnet, ist schillernd und enorm vielseitig. Dass ausgerechnet dieser einfache Fischer vom See Genezareth zum wortgewaltigen Verfechter des Glaubens an Jesus Christus wird, setzt Zeichen: Die Maßstäbe, die einen »guten Christen« ausmachen, verrücken. Weder ein Schriftgelehrter noch ein tadelloser Vorzeige-Christ, sondern ein eher schlichtes Gemüt mit Stärken und Macken sorgt dafür, dass die Lehre Jesu Christi in die Welt getragen wird. Die Geschichte der jüngsten Zeit zeigt: Je mehr sich Päpste in die eigentümliche Gebrochenheit der Person des Petrus stellen, umso beliebter sind sie. Diese Erfahrung birgt auch ökumenische Hoffnung. Evangelische Stimmen melden sich zu Wort: Einen Papst, der sich mehr an der Person des Petrus als am katholischen Anspruch des Papstamtes orientiere, könnten auch Protestanten als oberste Repräsentationsfigur der Christenheit akzeptieren. Dann wäre nicht Petrus der erste Papst. Sondern der Papst würde sich auf die Fähigkeiten des Petrus besinnen, der Nachfolger und Bekenner, Organisator und Missionar, Wegbereiter und Seelsorger war und wusste: Der rechte Weg des Glaubens wird im Dialog gefunden.

PROZESSIONEN finden vor Gericht statt

Nein, natürlich nicht. Das sähe auch recht merkwürdig aus, wenn Richter, Anwälte, Angeklagte und Zeugen erst einmal ein Gesetzbuch vor sich hertragend und das Grundgesetz rezitierend in langer Reihe durch das Gerichtsgebäude schritten, bevor sie ihre Plätze im Gerichtssaal einnähmen. Prozessiert wird vor Gericht, Prozessionen dagegen sind feierliche Umzüge aus religiösem Anlass und gehören hierzulande hauptsächlich zum Brauchtum der katholischen Kirche. Am bekanntesten ist wohl die Fronleichnamsprozession, bei der nach katholischem Glauben der in der Eucharistie gegenwärtige Leib Christi in Gestalt der Hostie in einem Schaugefäß feierlich durch wimpel- und blumengeschmückte Straßen getragen wird. Oft wird beim feierlichen Daherschreiten auch gebetet oder gesungen und Blaskapellen spielen Prozessionslieder.

R Die **REFORMATOREN** wollten die Kirche spalten

Die Bezeichnung »Reformation« sagt es eigentlich schon: Nein, die Reformatoren wollten die Kirche nicht spalten, sie wollten sie reformieren.

Luther, der mit der Veröffentlichung seiner 95 Thesen gegen den Ablasshandel den ersten konkreten Anstoß gab, wollte zunächst sogar nur eine Diskussion unter Theologen in Gang bringen. Die Folgen dieser Veröffentlichung übertrafen allerdings alle Erwartungen. Niemand wollte mit ihm diskutieren. Dafür fanden seine Thesen so begeisterte Zustimmung unter den Menschen, dass sich seine Gedanken in kürzester Zeit in ganz Nordeuropa verbreiteten. Weitere Reformatoren wie Luthers späterer Freund Philipp Melanchthon oder die Schweizer Reformatoren Johannes Calvin und Ulrich Zwingli traten auf und es kam zu heftigen Auseinandersetzungen mit der katholischen Kirche. Schnell wurden die Unstimmigkeiten so groß, dass die Anhänger der Reformation eigene Religionsgemeinschaften gründeten und sich von der römischen Kirche trennten. Die ursprünglich kirchliche Bewegung weitete sich ins Politische aus: Einige Länder übernehmen die evangelische Lehre, andere bleiben bei der alten. Auch zwischen Lutheranern und Reformierten bleiben dauerhafte Differenzen bestehen. Der immer um Einigkeit bemühte Philipp Melanchthon versuchte zwar in vielen Religionsgesprächen, Annäherungen anzubahnen – sogar den Papst hätte er anerkennen wollen, wenn der nur etwas evangelischer geworden wäre –, aber auch er konnte das vollständige Auseinanderdriften der Konfessionen nicht aufhalten.

Ein **REGENBOGEN** ist kein Glaubensthema

Ein Regenbogen entsteht, wenn sich das Sonnenlicht in den vom Himmel fallenden Regentropfen bricht. Das lernt heute jeder im Physikunterricht. Ja, er ist schön anzusehen, wenn er sich bunt über eine wolkenverhangene Landschaft spannt, und in vielen Geschichten gilt er als Brücke zum Himmel. Was aber sollte ein Regenbogen mit unserem Glauben zu tun haben? In der Bibel ist von einem Regenbogen nur in einer einzigen Erzählung die Rede: in der über Noah und die Sintflut, die nur er und die Menschen und Tiere überlebten, die auf der Arche waren. Nachdem die gewaltigen Wassermassen abgeflossen waren und Noah und seine Familie wieder Boden unter den Füßen hatten, erschien der Erzählung nach ein Regenbogen am Himmel und Gott versprach ihnen: »Meinen Bogen habe ich in die Wolken gesetzt; der soll das Zeichen sein des Bundes zwischen mir und der Erde. Und wenn es kommt, dass ich Wetterwolken über die Erde führe, so soll man meinen Bogen sehen in den Wolken. Alsdann will ich gedenken an meinen Bund zwischen mir und euch und allem lebendigen Getier unter allem Fleisch, dass hinfort keine Sintflut mehr komme, die alles Fleisch verderbe« (1. Mose 9 13ff). Nach vierzig Tagen Dauerregen und Grau in Grau einsam in der Arche auf einem endlosen Meer die ersten Sonnenstrahlen und ein bunter Regenbogen. Ein schöneres Bild für die Hoffnung, die Gott den Menschen zusagt, hätte die Bibel nicht finden können. Gott verspricht, er lässt die Menschen nicht untergehen. Wenn es auch noch so trübe und hoffnungslos aussieht – er verspricht, es geht weiter. Der Regenbogen kann auch uns heute noch an diese Zusage erinnern. Vielleicht kann der Regenbogen damit tatsächlich eine Brücke zum Himmel sein als Symbol der Hoffnung für unseren Glauben.

Das **REICH GOTTES** gibt es nur im Himmel

»Und er sprach: Womit wollen wir das Reich Gottes vergleichen, und durch welches Gleichnis wollen wir es abbilden? Es ist wie ein Senfkorn: wenn das gesät wird aufs Land, so ist's das kleinste unter allen Samenkörnern auf Erden; und wenn es gesät ist, so geht es auf und wird größer als alle Kräuter und treibt große Zweige, sodass die Vögel unter dem Himmel unter seinem Schatten wohnen können« (Markus 4,30ff). Die Botschaft vom beginnenden Gottesreich steht im Mittelpunkt der Verkündigung Jesu. In vielen Gleichnissen versucht er den Menschen bildlich zu zeigen, wie man sich das Reich Gottes, sein Wachsen und seine Qualität vorstellen kann. Dennoch bleibt uns dieser Begriff heute oft merkwürdig fremd und wird von anderen Aspekten des christlichen Glaubens verdeckt. Bestenfalls stellen wir uns unter dem Reich Gottes noch ein himmlisches Reich vor, in das man nach dem Tod eingeht. Vielleicht verbinden wir es auch noch mit der fernen Wiederkunft Christi, der dieses Reich dann vollständig errichten soll. In jedem Fall scheint das alles nichts mit unserem Leben hier auf der Erde zu tun zu haben. Wie kommt es, dass uns etwas, das Jesus so wichtig gewesen ist, so fremd geworden ist? Ist das Reich Gottes tatsächlich etwas, das es nur im Himmel gibt und das kaum Bedeutung für unser Leben und unseren Glauben hier hat?

In den Evangelien wird der Begriff »Reich Gottes« nirgends definiert. Das liegt daran, dass Vorstellungen vom Gottesreich in der Zeit Jesu sehr geläufig waren. Obwohl unterschiedlichste Aspekte und Überlieferungen damit verbunden wurden, war den Juden klar, was darunter zu verstehen war. Unter dem Einfluss unterschiedlicher Erfahrungen von Unterdrückung und Leid hatte sich im Judentum die Hoffnung entwickelt, dass Gott sich am Ende gegen alle Ungerechtigkeiten durchsetzen und sein Reich aufrichten werde. An diese Vorstellungen knüpft Jesus mit seiner Botschaft an. Im Unterschied zu Johannes dem Täufer, der das unmittelbare Bevorstehen der Gottesherrschaft angekündigt hatte, spricht Jesus jedoch immer wieder davon, dass das Reich Gottes nicht nur kommen wird, sondern eigentlich schon angebrochen ist. »Als er aber von den Pharisäern gefragt wurde: Wann kommt das Reich Gottes?, antwortete er ihnen und sprach: Das Reich Gottes kommt nicht so, dass man's beobachten kann; man wird auch nicht sagen: Siehe, hier ist es!, oder: Da ist es! Denn siehe, das Reich Gottes ist mitten unter euch« (Lukas 17,20f). Der Same ist also schon in der Erde, vielleicht ist sogar schon ein kleines Pflänzchen zu erkennen. In der Botschaft und im Handeln Jesu lässt sich schon jetzt und hier etwas ahnen vom kommenden Reich Gottes. Damit allerdings sind auch schon jetzt Veränderungen möglich und gefragt. Mit den Vorstellungen vom Gottesreich sind fast immer auch Vorstellungen von einem Gericht verbunden. Wenn Gott uns seine Zuwendung und die Beseitigung aller Ungerechtigkeit hier und jetzt verspricht, sind auch wir selbst gefragt, unser Leben und Handeln dieser Perspektive entsprechend zu überdenken und auszurichten. Jesus wollte nicht auf ein fernes himmlisches Jenseits vertrösten. Mit seiner Botschaft vom anbrechenden Gottesreich forderte er die Menschen dazu heraus, die Wirklichkeit mit neuen Augen zu sehen. Jetzt ist jeder einzelne gefragt, Verantwortung zu übernehmen. Indem der Mensch sich im Vertrauen auf Gottes Zuwendung an seiner Zusage orientiert, beginnt das Reich Gottes schon hier und jetzt. Für Jesus war dies kein Grund zu sauertöpfischer Verbissenheit und Vorsicht, sondern ein Grund zur Freude und zum Feiern.

S

SCHEIDUNG ist für Christen perdu

»Bis dass der Tod uns scheidet, bleiben wir zusammen«, versprechen sich Liebende vor dem Traualtar – und glauben daran, obwohl in Deutschland heute etwa jede zweite Ehe wieder geschieden wird. Dennoch, das Idealbild einer lebenslang haltenden glücklichen Ehe blieb erhalten.

Auch die katholische Kirche und viele evangelikale Christen halten, zumindest offiziell, an der Überzeugung fest, eine Ehe könne nicht geschieden werden. Dabei berufen sie sich auf Jesus, der zur Frage der Scheidung sagte: »Was nun Gott zusammengefügt hat, das soll der Mensch nicht scheiden!« (Matthäus 19,6). Für Katholiken ist die Ehe ein von Jesus selbst eingesetztes Sakrament. »Das Sakrament der Ehe schafft zwischen den Ehegatten ein Band, das lebenslang und ausschließlich ist. Gott selbst besiegelt den Konsens der Brautleute. Darum kann die zwischen Getauften geschlossene und vollzogene Ehe nie aufgelöst werden«, heißt es im Katechismus der katholischen Kirche. Faktisch jedoch lässt auch die katholische Kirche immer häufiger »Scheidungen« zu. Ehen können in besonderen Fällen bei Gefährdung des geistlichen Wohls eines Partners aufgelöst oder mit der Feststellung, dass nie eine wirklich gültige Ehe bestanden habe, annulliert werden. Ein katholisches Ehegericht befindet darüber, ob triftige Gründe für eine Eheauflösung oder Annullierung gegeben sind. Martin Luther verstand die Ehe nicht als Sakrament, sondern als »weltlich Ding«.

Obwohl die Ehe auch hier als besondere Gabe Gottes für wichtig gehalten und geschätzt wird, sind in evangelischen Kirchen

Scheidungen als letzter Ausweg aus einer zerbrochenen Gemeinschaft möglich. »Was nun Gott zusammengefügt hat, das soll der Mensch nicht scheiden!« (Matthäus 19,6). Der Satz Jesu klingt so eindeutig, wie kann man ihn da nicht ernst nehmen? Zu Jesu Zeit konnten sich nur die Männer von ihren Frauen scheiden lassen, was die Frauen oft in große existenzielle Nöte brachte. Vor diesem Hintergrund betrachtet kann man den Satz Jesu vor allem so verstehen, dass er die Rechte der Ehefrauen schützen soll. Sie sollen nicht einfach verstoßen werden können. Jesus klagt vor allem einen gleichberechtigten humanen Umgang miteinander ein. Eine Aussage dazu, dass Ehen, auch wenn es unausweichlich wird, grundsätzlich nicht geschieden werden dürfen, gibt es in der Bibel nicht.

Dem Gesetz nach ist eine Ehe dann gescheitert, wenn keine eheliche Lebensgemeinschaft mehr besteht und wenn diese voraussichtlich auch nicht wieder hergestellt werden kann. Auch Christen ist heute klar, dass Ehen scheitern können. Wenn die Gemeinschaft nur noch zu gegenseitigen Verletzungen führt und keine gemeinsame Basis mehr da ist, geht das am eigentlichen Sinn der Ehe vorbei. Dennoch besteht für alle Christen in der Ehe als Schutzraum einer besonderen Gemeinschaft eine gegenseitige Verpflichtung zu Treue und Verlässlichkeit auch in unschönen und schwierigen Situationen. Gerade in der heutigen Zeit, in der alles austauschbar scheint, wenn es nicht mehr so funktioniert, wie man es gerne hätte, sollte man sich bewusst machen, dass die Ehe dadurch, dass sie eine Entscheidung auf Lebenszeit meint, ihren Wert gewinnt. Menschen verändern sich und entwickeln sich weiter, auch ihre Liebe. Man kann nicht erwarten, dass die anfängliche Verliebtheit ewig anhält. Das bedeutet auch, dass die Ehe eine andauernde Aufgabe darstellt, sich zu entwickeln und immer wieder neu zu finden in Freiheit und Gemeinsamkeit. Das ist nicht immer schön und leicht, macht aber gerade die Besonderheit der Ehe aus. Scheidung kann, wenn all dies nicht mehr gemeinsam möglich ist, nur als letzter Ausweg gelten, um beiden Partnern einen Neuanfang zu ermöglichen.

Bei der **SCHÖPFUNG** wurde die Welt in sechs Tagen erschaffen

Bei Ausgrabungen im Paluxy River in Texas wurden direkt neben Dinosaurierfährten menschliche Fußspuren gefunden – davon sind kreationistische Wissenschaftler überzeugt. Ein wenig groß geraten zwar mit einer Länge von 50 cm und einer Schrittweite von über 2 Metern, die Menschen vor der Sintflut waren dann also wohl Riesen. »Geologen und Biologen [können] ihre Lehren und Modelle aufstellen, ohne diesbezügliche Aussagen der Bibel in Betracht ziehen zu müssen. Es gibt heute kaum eine größere Gefahr im Christentum. […] Ich möchte eine Weltanschauung haben, in welcher ich die ganze Welt nach Grundsätzen erklären kann, wie Gott sie geoffenbart hat«, sagt der niederländische Kreationist Willem J. Ouweneel. Kreationisten wenden sich gegen die Evolutionstheorie. Sie versuchen das wörtliche Verständnis der biblischen Schöpfungsgeschichte wissenschaftlich zu vertreten. Durch die Evolutionslehre sehen sie ihre Überzeugung gefährdet, dass die Bibel in all ihren Aussagen wörtlich für wahr zu halten sei und als Orientierung zu dienen habe. Ouweneel bringt es perfekt auf den Punkt: Er *»möchte«* die Ansicht, dass die Bibel in allem Recht hat, behalten. Aus dieser Wunschhaltung heraus wird dann vorausgesetzt, die Welt sei in sechs Tagen erschaffen worden, schließlich werde jeder Schöpfungstag in der Bibel ausdrücklich durch Abend und Morgen begrenzt. Der Mensch könne keinesfalls mit dem Affen verwandt sein und da Dinosaurierknochenfunde nicht wegdiskutiert werden können, hätten diese vor der Sintflut mit den Menschen zusammen auf der Erde gelebt und seien dann in der Flut, die die ganze Erde bedeckte, ertrunken, während alle anderen Grundarten der Lebewesen auf der Arche überlebten. Kreationisten stellen eigene, ihrer Überzeugung nach wissenschaftliche, Forschungen an, um ihre Ansichten zu belegen. In den USA gibt es »Creation Museums«, in denen Adam- und Evapuppen einträchtig neben riesigen Dinosauriernachbildungen im Paradies sitzen. Aus den Lehrplänen vieler Schulen wurde die Evolutionstheorie gestrichen, es wird Schöpfungslehre unterrichtet.

Diesbezügliche Forderungen werden auch in Deutschland immer lauter – die Evolutionstheorie fördere den Atheismus und damit den Werteverfall, heißt es da. Aber stimmt das denn wirklich? Zerstört die Wissenschaft den Glauben an Gott? Die Schöpfungsgeschichte ist ein poetischer Text, den die Israeliten etwa im 5. Jahrhundert v. Chr. aufschrieben, als sie sich im babylonischen Exil befanden. Dabei übernahmen sie Vorstellungen aus ihrer babylonischen Umwelt und verknüpften sie mit ihrem eigenen Glauben. Die Gestirne waren für die Juden keine Götter mehr, sondern von Gott geschaffene »Lichter an der Feste des Himmels« (1. Mose 1,14). Diese Schöpfungsdichtung entsprach zwar dem damaligen Wissensstand, aber sogar die Kreationisten müssten heute eigentlich einsehen, dass die dort beschriebenen Ansichten ziemlich überholt sind: Die Erde ist eine Scheibe mit einer Art Käseglocke als Himmel; darüber und darunter überall Wasser. Außerdem gibt es in der Bibel ja noch einen zweiten Schöpfungsbericht und in dem wird der Mensch anders als im ersten schon vor den Tieren geschaffen.

Nein, die Bibel wollte nie einen historischen Tatsachenbericht zur Entstehung der Welt liefern. Sie erzählt vom Glauben. In poetischen Bildern, die den Vorstellungen der damaligen Zeit entsprachen. Sie erzählt von einem Gott, der der Grund für die Schönheit und die Ordnung in der Welt ist und in dessen liebender Zuwendung alles seinen Anfang nahm. Glaube, der nicht nur Für-wahr-Halten ist, entscheidet sich nicht an der Frage, ob das in sechs Tagen geschah oder, durch einen Urknall angestoßen, im Verlauf von Millionen von Jahren oder ganz anders. Glaube vertraut auf den Schöpfergott hinter der Schöpfung. Davon erzählt die Bibel.

Glaube ist der beste **SCHUTZ** vor Schicksalsschlägen

Glaube kann Berge versetzen (Matthäus 18,21), Jesus war davon überzeugt. Kann man sich also, wenn man nur fest genug glaubt, auch einen Schutz vor Schicksalsschlägen herbeiglauben?
Der Glaube kann tatsächlich viel. Er kann heilen – das ist sogar wissenschaftlich nachgewiesen, er kann Zuversicht geben, um schwierige Situationen zu meistern, und Kraft, von der mancher nicht denkt, dass er sie hat. Er kann helfen, mit Schicksalsschlägen umzugehen, aber sie »wegglauben« kann er nicht. Zum Leben gehören schöne und schwierige Erfahrungen, die auch der Glaube nicht ersparen kann. Er ist ja keine Zauberkraft, die uns in Watte hüllt, und auch kein bloßes positives Denken, dass durch Für-wahr-Halten und das Ausblenden von Schwierigkeiten den Lauf der Dinge ändern zu können meint. »Es ist aber der Glaube eine feste Zuversicht auf das, was man hofft, und ein Nichtzweifeln an dem, was man nicht sieht«, heißt es im Hebräerbrief (11,1); er ist »Sinn und Geschmack für das Unendliche«, meinte Friedrich D.E. Schleiermacher; und Paul Tillich nannte ihn »Ergriffensein durch das Unbedingte«. Der Glaube ist also etwas anderes als Wissen, auch keine Vorstufe davon, als müsse der Glaubensgrund sich irgendwann einmal als tatsächlich wahr erweisen. Durch Experimente und unsere fünf Sinne können wir die Dinge dieser Welt wahrnehmen, überprüfen und uns ihrer sicher werden. Glaube dagegen ist eine Gewissheit über die Dinge, die man nicht sehen und sinnlich wahrnehmen kann. Er widerspricht damit nicht der Vernunft, sondern er ergänzt sie als eine weitere Zugangsweise zu dem, was das Leben und die Welt im Ganzen ausmacht. Zweifel, Anfragen und Veränderungen gehören zum Glauben dazu, gerade in schwierigen Situationen. Christlicher Glaube bezieht sich auf Gott, der sich den Menschen in Jesus Christus zugewandt hat, und vertraut darauf, dass er sie sogar über den Tod hinaus trägt. Christlicher Glaube ist eine

Reaktion auf die Erfahrung dieser Zuwendung, er geht damit zunächst von Gott aus. Daher lässt er sich auch nicht lehren oder erzwingen, sondern nur erfahren. Wer glaubt, sieht die Wirklichkeit anders und kann anders mit ihr – und mit Schicksalsschlägen – umgehen.

Der **SEGEN** stammt aus dem Neuen Testament

»Der Herr segne dich und behüte dich; der Herr lasse sein Angesicht leuchten über dir und sei dir gnädig; der Herr hebe sein Angesicht über dich und gebe dir Frieden« (4. Mose 6,24ff). Diese uralte Segensformel wird noch heute im Gottesdienst gesprochen. Viel älter als das Neue Testament ist sie. Der Überlieferung nach soll sie auf Aaron, den Bruder des Mose, zurückgehen. Schon im Alten Testament gibt es viele Segensgeschichten. Die bekannteste ist wohl die Geschichte von Jakob, der seinem Bruder Esau durch eine List den Erstgeburtssegen des Vaters wegnimmt. Auch in der Schöpfungsgeschichte kommt der Segen schon vor. Gott segnet die Menschen, nachdem er sie erschaffen hat (1. Mose 1,28). Was aber soll man sich eigentlich unter einem Segen vorstellen? In der Geschichte um Jakob ist der Segen eine nur einmal übertragbare Zusage von Lebenskraft. Ursprünglich bedeutet segnen also »mit heilvoller Kraft begaben« und kann nicht wieder zurückgenommen werden.

Menschen, die Segen empfangen, sollen in ihrem Leben ganz und heil werden. Dabei geht es vor allem um Dinge, die man sich nicht selbst herbeikaufen kann, etwas wie Heimat, Liebe, Freundschaft und inneres Wohlergehen. Er ist dennoch kein magischer Schutzzauber. Beim Segnen ist neben dem Segnenden und dem

Gesegneten immer auch Gott beteiligt. Ein Segen öffnet den Blick für Gott und das, was er im Segen verspricht. Er ist immer mit einer besonderen Geste verbunden, im Christentum ist dies meist das Kreuzzeichen – daher auch der deutsche Name, der vom lateinischen »signare«, (mit dem Kreuz) bezeichnen, abgeleitet ist. Jeder kann ihn sprechen. Anders als katholische Christen segnen die evangelischen jedoch keine Dinge, sondern nur Menschen, um den Eindruck zu vermeiden, Gegenstände bekämen dadurch eine eigene, magische Kraft.
Das Segnen lässt sich auch im privaten Bereich wieder neu entdecken. Wer einen geliebten Menschen in einer besonderen Situation, vielleicht bei einem Abschied oder vor einer schwierigen Prüfung, segnet, kann die Erfahrung machen, dass dies nicht nur dem Empfangenden gut tut.

Es besteht ein wesentlicher Unterschied zwischen Kirche und **SEKTE**

Auch das Christentum war zunächst eine Sekte, eine kleine Gruppe Andersgläubiger, die sich vom Judentum zu lösen begann. Theologisch gesehen ist eine Sekte also zunächst nur eine Gruppe, die eine abweichende Lehre vertritt und sich von einer größeren Religion abgespalten hat. Heute versteht man unter dem Begriff allerdings landläufig eine suspekt erscheinende Gruppierung, die sich scharf von der Außenwelt abgrenzt, durch ihre radikalen Ansichten auffällt, um Mitglieder wirbt und diese nicht so schnell wieder loslässt. Und tatsächlich gibt es ja immer wieder Gruppen, auf die das zutrifft. Genauso aber existieren Freikirchen, die in ihren Glaubensgrundsätzen viel weniger deutlich von denen der großen Kirchen abweichen, daneben auch Gruppen, die erst noch als Freikirche anerkannt werden wollen, und solche, die sich freiwillig in völliger Abgrenzung wiederfinden. Zwischen Kirche und Sekte wie zwischen schwarz und weiß unterscheiden kann man nicht. Dafür ist die Bandbreite dazwischen viel zu groß, der Begriff »Sekte« viel zu ungenau und negativ besetzt und der Begriff der Kirche zu offen für verschiedene Bedeutungen. Wer soll überhaupt entscheiden, wo eine Grenze zu ziehen ist? Ab wann ist eine Sekte Kirche oder eine Kirche keine Kirche mehr? Um hier mehr Übersichtlichkeit zu schaffen, ist man inzwischen dazu übergegangen, zwischen Freikirchen, religiösen Sondergemeinschaften und konfliktträchtigen Gruppierungen zu unterscheiden. Ein wichtiges Unterscheidungskriterium ist hierbei die Bereitschaft zur Ökumene. Wer sich strikt abgrenzt, wer meint, er habe die einzige Wahrheit schon gefunden und wer nicht mehr zu echten Gesprächen und Austausch bereit ist, stellt sich selbst ins Abseits. Wer dazu noch die Rechte seiner Mitglieder einschränkt, Kontrolle über sie ausübt, die eigene Gruppe als das einzig Gute und zum Heil bestimmte in einer dem Bösen verfallenen Außenwelt darstellt und Menschen manipuliert, ist weit davon entfernt, christliche Kirche zu sein.

Wer's glaubt, wird **SELIG**

Dieser Spruch weist heute meist mit ironischem Unterton darauf hin, dass man nicht alles für wahr halten kann, was einem jemand auf die Nase binden will. Dabei stammt der Satz aus der Bibel: »Wer da glaubt und getauft wird, der wird selig werden; wer aber nicht glaubt, der wird verdammt werden« (Markus 16,16), und ist da ganz ohne ironischen Unterton zu lesen. Wer's glaubt wird selig – also doch? Seligkeit meint einen Zustand der Erlösung, des Heils bei Gott. Muss ich tatsächlich nur glauben, was mir andere weismachen wollen, um diesen Zustand zu erreichen? Nein, natürlich nicht. Beim Glauben im religiösen Sinne geht es nicht um ein naives Für-wahr-Halten, wie es die Redewendung unterstellt. »Es ist aber der Glaube eine feste Zuversicht auf das, was man hofft, und ein Nichtzweifeln an dem, was man nicht sieht«, heißt es im Hebräerbrief (11,1). Wer alles glaubt und nicht fragt, bleibt dumm. Wer aber zuversichtlich auf Gottes Zusage vertraut, dass er uns auch über die Zeit auf Erden hinaus trägt, der kann, auch wenn er nicht alles auf dieser Welt unhinterfragt für bare Münze nimmt, darauf hoffen, sein Heil bei Gott zu finden.

SONNTAGS dürfen Christen nicht arbeiten

»Gedenke des Sabbattages, dass du ihn heiligest. Sechs Tage sollst du arbeiten und alle deine Werke tun. Aber am siebenten Tage ist der Sabbat des Herrn, deines Gottes. Da sollst du keine Arbeit tun, auch nicht dein Sohn, deine Tochter, dein Knecht, deine Magd, dein Vieh, auch nicht dein Fremdling, der in deiner Stadt lebt« (2. Mos 20,8ff). In der Bibel steht es und auch im Grundgesetz: »Der Sonntag und die staatlich anerkannten Feiertage bleiben als Tage der Arbeitsruhe und der seelischen Erhebung gesetzlich geschützt.« Einen arbeitsfreien Tag in der Woche sollen die Menschen für sich und ihre Seele nutzen dürfen. Und trotzdem arbeiten immer mehr Menschen auch am Sonntag, nicht nur in Krankenhäusern, bei der Polizei oder bei der Bahn. Immer öfter gibt es auch verkaufsoffene Sonntage; Forderungen werden laut, man solle den Sonntag als arbeitsfreien Tag doch ganz abschaffen, freie Tage könne man ja auch individuell über die Woche verteilen. Viele Menschen können mit echter Freizeit gar nichts mehr anfangen, sie wollen auch am Sonntag etwas geboten bekommen, zu jeder Zeit einkaufen oder Sportveranstaltungen erleben können. Durch religiöse Vorgaben möchte man sich nur ungern in seiner Freiheit einschränken lassen. Aber ist ein solches Gebot wirklich eine Einschränkung? Man kann den Satz auch anders lesen. Christen dürfen sonntags einmal nicht arbeiten, während sie es die ganze Woche über müssen. Das gilt übrigens nicht nur für die Menschen, die einen festen Job haben. Da die Sonntagsruhe etwas anderes bedeutet, als einfach nur untätig zu sein, kann er für alle Menschen eine besondere Qualität behalten. Er ist ein »Tag des Herrn«, gedacht zur »seelischen Erhebung«. Ein Tag also, an dem man sich auf etwas anderes als den Alltag, auf das Wesentliche konzentrieren darf. Im Alten Testament wird der Sabbat auf die Befreiung der Israeliten aus der ägyptischen Sklaverei zurückgeführt. Zu dieser Zeit hatten höchstens wohlhabende Menschen die Möglichkeit, sich Auszeiten zu nehmen. Sklaven und Handwerker arbeiteten ununterbrochen. Wer eine Zeit ohne Ruhepausen erlebt hat, weiß, wie kostbar ein wirklich freier Tag sein kann. Das Sabbatgebot gesteht einen solchen Tag allen Menschen – Frauen und Männern, Fremden, Freien und Sklaven – zu. Im Judentum ist der Sabbat der siebte Tag der Woche. Für die frühen Christen war der Sonntag der erste Tag der Woche, schon ein wichtiger Tag, denn am Sonntag gedachte man der Auferstehung Christi. Kaiser Konstantin (um 280–337) verband die beiden Traditionen im vierten Jahrhundert und erklärte den Sonntag zum gesetzlichen Ruhetag, was sich bis heute nicht geändert hat.

»Der Sabbat ist um des Menschen willen gemacht und nicht der Mensch um des Sabbats willen« (Markus 2,27), sagt Jesus. Es geht also nicht um eine Einschränkung oder eine Regel, der man sich um jeden Preis unterwerfen muss, sondern um die Freiheit, einmal in der Woche gemeinsam zur Ruhe kommen zu dürfen. Daher sind individuell verschiedene freie Tage auch kein Ersatz für den gemeinsamen Sonntag. Wann sollen Familien und Freunde in Ruhe zusammenkommen, wenn jeder an einem anderen Tag frei hat, und kommt man überhaupt richtig zur Ruhe, wenn um einen herum die normale Alltagshektik weiterbraust? Der

Mensch braucht Ruhezeiten, sonst geht er sich selbst verloren. Zeit zum Freiwerden von Grübeleien oder Konkurrenzgedanken, zum Auftanken, für Familie und Freunde, für eigene Interessen und zum Nachdenken über sich und über Gott und die Welt. Zeit, das Leben bewusst zu spüren. Dafür ist der Sonntag wie geschaffen.

SEX hat immer mit **SÜNDE** zu tun

Noch einmal: Adam und Eva im Paradies. Sie leben zufrieden und nichtsahnend vor sich hin, wie man im Paradies so lebt, und denken sich nichts weiter dabei. Spaziergänge unter blühenden Bäumen, Picknick im Grünen, alles gesittet und in völliger Unschuld, denn sie bemerken gar nicht, dass sie nackt sind. Und genascht wird weder vom Baum der Erkenntnis noch voneinander. Bis die Schlange kommt und in Eva die Neugier nach mehr weckt. Adam und Eva beißen in die Frucht, die ihnen gottgleiche Erkenntnisfähigkeit verspricht, und plötzlich schnappen sie sich Feigenblätter, denn das erste, was sie erkennen, ist, dass sie nackt sind. Ob sie auch erkannten, wie passend sie füreinander erschaffen wurden und ob sie nach dem Verzehr der verbotenen Frucht auch voneinander kosteten, ist nicht bekannt. Denn davon, was sie taten, bis »der Tag kühl geworden war« (1. Mose 3,8) und Gott seinen Abendspaziergang durchs Paradies begann, schweigt die Erzählung. Als Gott dann jedoch nach Adam ruft, packt den die Scham, er verschwindet mitsamt Feigenblättern und Frau im Gebüsch und antwortet: »Ich hörte dich im Garten und fürchtete mich, denn ich bin nackt, darum verstecke ich mich« (1. Mose 3,10). Gott jedoch ist nicht etwa besorgt darum, was die beiden wohl mit ihrer Nacktheit angefangen haben. Nein, darum geht es ihm nicht. Er fragt vielmehr: »Wer hat dir gesagt, dass du nackt bist? Hast du nicht gegessen von dem Baum, von dem ich dir gebot, du solltest nicht davon essen?« (1. Mose 3,11f). Nicht, dass die beiden nackt sind, ist das Neue. Das wusste Gott ja schon, schließlich hatte er sie so erschaffen. Nicht das ist der Grund für den folgenden Rausschmiss aus dem Paradies. Die beiden haben gegen Gottes ausdrückliches Verbot vom Baum der Erkenntnis gegessen und können sich selbst und ihr Handeln nun bewusst wahrnehmen. Sie wissen nun, was richtig und falsch ist, und können Gut und Böse, sich selbst und das Gegenüber unterscheiden. Dass sie sich mit ihrem Verlangen nach gottgleicher Erkenntnisfähigkeit gegen Gottes ausdrückliche Warnung gestellt haben, das ist ihre Schuld, mit der sie sich quasi selbst aus dem Paradies ausschließen. Denn nun kann nichts mehr so sein wie vorher.

Mit Sex hat das ganze aus Gottes Perspektive also offensichtlich kaum zu tun. Und dennoch: Genau wie Adam und Eva selbst ihre sexuelle Identität erkennen und Scham über ihre Nacktheit empfinden, setzten Bibelinterpreten über Jahrhunderte hinweg Sexualität in unmittelbare Verbindung zur Sünde. Auf die Spitze trieb diesen Gedanken der Kirchenvater Augustinus (354–430) mit seiner ausgeklügelten Erbsündenlehre. Unter dem Einfluss dualistisch leibfeindlicher Strömungen seines antiken Umfelds entwickelte der zunächst selbst nicht gerade zurückhaltend lebende Kirchenvater im Laufe der Lebensjahre eine starke Abneigung gegen Körperlichkeit und Sexualität: Die Erkenntnis, die den beiden unschuldigen Paradiesbewohnern verboten war, sei nicht allgemeiner, sondern wohl eher rein leiblicher Natur gewesen, vermutete er. Im Paradies habe der Mensch Lust und fleischliches Begehren nicht gekannt. Erst mit dem Sündenfall habe das Vergnügen an der Lust die höhere Vernunft, den Willen und die Tugendhaftigkeit der Menschen quasi überrumpelt. Da Sexualität und Zeugung von nun an immer mit der sündhaften Lust verbunden gewesen seien, Kinder also nur unter dem Einfluss dieser Sündhaftigkeit gezeugt werden konnten, werde die Sünde beim Zeugungsakt unvermeidbar auf die Nachkommen übertragen.

Dass es in der Geschichte vom Sündenfall eigentlich nur am Rande um die Sexualität ging und dass Liebe und Lust zu Gottes Schöpfung gehören und damit als wesentlicher Bestandteil des menschlichen Lebens gewollt und für gut befunden worden seien – schließlich hat Gott die Menschen ja »als Mann und Frau« (1. Mose 1,27) erschaffen –, konnte Augustinus so nicht sehen. Körper- und Lustfeindlichkeit, Angst, Scham, Verachtung fleischlicher Lust und die Trennung von Liebe und Leidenschaftlichkeit bestimmten über Jahrhunderte hinweg und bis in die heutige Zeit hinein das Verhältnis der Christen zu ihrer eigenen Körperlichkeit und Sexualität. Dabei wird übersehen, dass der Bibel solch körperfeindliche Vorstellungen oder eine Trennung zwischen Körper und Seele völlig fremd sind.

Gott hat die Menschen als Ganzes nach seinem Ebenbild geschaffen und ihnen sogar aufgetragen: »Seid fruchtbar und mehret euch« (1. Mose 1,28), und er »sah an alles, was er gemacht hatte, und siehe, es war sehr gut« (1. Mose 1,31). In der Bibel gibt es sogar ein ganzes Buch – das Hohelied Salomos, eine Sammlung von Liebesliedern, die ein Paar aneinander richtet –, in dem in wunderschönen poetischen Bildern die Freude an der erotischen Liebe zum Ausdruck gebracht wird. Keine Spur von Scham oder Schuldbewusstsein. Das Paar erfreut sich einfach seiner Liebe und der körperlichen Nähe. Auch die Geschichte von Adam und Eva möchte Sexualität nicht mies machen oder verbieten. Dass sich Menschen auch körperlich zueinander hingezogen fühlen, ist mit der Schöpfung gegeben. Liebe im Zustand der Bewusstheit umfasst auch eine erwachsen gewordene erotische Liebe. Es geht dann weder um ein Ausklammern der Sexualität aus dem Leben noch um die reine Triebbefriedigung und die Suche nach immer neuen unverbindlichen Abenteuern. Liebe in Verantwortung und Bewusstheit für sich selbst und das Gegenüber, Liebe, die uns als ganzen Menschen erfasst, ermöglicht Erfahrungen, die über das eigene Ich hinausgehen. Man erfährt sich selbst und gleichzeitig das Fremde im anderen, das dank der Erkenntnisfähigkeit nun nicht mehr in paradiesisch dumpfer Gleichgültigkeit verharren lässt, sondern von dem sich Menschen bewusst berühren und erfassen lassen können. Erotische Liebe ist nichts, was Gottes Willen entgegensteht. Sie ist keine Sünde, sondern Begegnung. Und lässt die Bedeutung einer neutestamentlichen Aussage erahnen: »Gott ist Liebe« (1. Johannes 4,16).

Christen dürfen keinen **SUIZID** begehen

»Du sollst nicht töten« (2. Mose 20,13), heißt es in den Zehn Geboten. Gilt das auch für das eigene Leben? Ja, meint die katholische Kirche in ihrem Katechismus, das fünfte Gebot verbiete auch »den Selbstmord und die freiwillige Beihilfe dazu, weil er ein schwerer Verstoß gegen die rechte Liebe zu Gott, zu sich selbst und zum Nächsten ist.« Die Bibel allerdings äußert sich nicht konkret zum Suizid. Die »Selbstmörder«, deren Geschichten sie erzählt – Saul, Ahitofel, Simri, Judas und andere – erscheinen als erbarmungswürdige, gescheiterte Existenzen. Auch das fünfte Gebot sagt nicht viel über Suizid aus, denn es bezog sich ursprünglich nur auf den Mord an Mitmenschen. Dennoch setzen sich Judentum und Christentum immer eindeutig für den Schutz des Lebens ein, da das Leben als von Gott geschenkt verstanden wird. Kirchenvater Augustinus (354–430) lehnte den Suizid grundsätzlich ab. Er meinte, allein Gott könne über Leben und Tod entscheiden. Durch diese Einstellung prägte er den Umgang mit Selbstmördern in der Folgezeit. Jahrhundertelang durften sie nicht auf kirchlichen Friedhöfen beerdigt werden. Luther dagegen hatte großes Verständnis für die Bedrängnisse und Ängste, die Menschen in den Selbstmord treiben können. Zwar lehnte auch er den Selbstmord als letztendlich vom Einfluss des Bösen bewirkt ab. Doch erkannte er, dass der Mensch ein Opfer ausweglos scheinender Nöte werden kann.

Kann Selbstmord dann ein Akt der Selbstbestimmung und Befreiung sein oder ist er eher das Ende einer Zeit einsamen Ringens mit Angst, Isolation und Ausweglosigkeit? Selbstmordgefährdete fühlen sich oft verlassen und sehen keinen lebenswerten Ausweg mehr aus ihrer Situation. Erkennt man die Not eines Menschen, sind Verständnis, Trost und behutsamer Beistand gefragt und das Angebot, bei der Suche nach kompetenter Hilfe zu begleiten. Christen können von ihrem Vertrauen auf Gottes Liebe erzählen. Andere zu verurteilen steht allerdings niemandem zu. Seine Verantwortung vor Gott, der sich uns liebend zuwendet, hat letztlich jeder selbst zu tragen.

T

Die **TAUFE** ist eine Garantie für Gottes Zuwendung

Gott gibt keine Garantien. Niemand kann sich Gott durch irgendwelche Beschwörungen oder Zauberhandlungen verfügbar machen. Auch die Taufe ist kein solcher Akt, sondern ein symbolisches, von Worten begleitetes Geschehen, dem, wie Philipp Melanchthon es nannte, »eine Verheißung der Gnade beigefügt ist«. Was aber soll das genau heißen? Und warum werden Christen überhaupt getauft?

Zu der Zeit Jesu rief Johannes der Täufer, ein kauziger Wüsteneremit, die Menschen zur Umkehr, da das Gericht Gottes nahe bevorstehe. Er taufte die Menschen im Jordan »zur Buße und Vergebung der Sünden« (Markus 1,4). Auch Jesus hat sich von ihm taufen lassen. »Ich taufe euch mit Wasser; aber er wird euch mit dem Heiligen Geist taufen« (Markus 1,8), soll Johannes gesagt haben. Wasser ist in vielen Religionen ein Symbol der Reinigung und des Neuanfangs. Die Taufe des Johannes war aber etwas Neues, etwas anderes als traditionelle rituelle Waschungen. Sie wurde von einem dritten ausgeführt, sollte der Sündenvergebung dienen und ein Zeichen der Umkehr und der Neuorientierung des Lebens sein. Jesus selbst taufte nicht, aber dennoch gehörte die Taufe von Beginn an zum Christentum. Durch die Taufe wurde man in die Gemeinde aufgenommen. Dazu musste man natürlich erst einmal etwas über den christlichen Glauben und christliches Leben lernen. Die Täuflinge wurden daher gründlich darauf vorbereitet und sprachen bei der Taufe eine Bekenntnisformel, die die wichtigsten Glaubensinhalte zusammenfasste. Lange Zeit war die Taufe also etwas, wozu sich erwachsene Menschen ganz bewusst entschieden. Man wandte sich Gott zu und entschied sich für ein Leben in der Nachfolge Jesu Christi, das vorherige Leben wurde abgelegt und die bisherigen Sünden vergeben. »Christus anziehen« (Galater 3,27) nannte Paulus das und es bedeutete für ihn, dass man sich damit auch verpflichtete, von nun an entsprechend verantwortlich und im Sinne des Heiligen Geistes zu leben, den man in der Taufe empfangen hatte. Als das Christentum im fünften Jahrhundert zur Staatsreligion wurde und man im Zuge der Missionierungen immer wieder ganze Familien taufte, begann der Gedanke der bewussten Umkehr in den Hintergrund zu rücken, und zunehmend wurden Menschen schon zu Beginn ihres Lebens getauft. Nun ging es vor allem darum, deutlich zu machen, dass das Kind von Gott angenommen sei. Luther jedoch stellte später klar, dass die Taufe nicht allein durch den Taufakt wirksam werde. Eine Kindertaufe könne nur eine Verheißung sein, die später bewusst im Glauben angenommen werden müsse.

Taufe bedeutet heute also zunächst einmal, dass der Täufling den Heiligen Geist, also Lebenskraft, empfängt. Das soll allerdings nicht heißen, dass er nun eine besondere Qualität verliehen bekommt oder dass er sich von Nichtgetauften durch einen Schutzzauber irgendwie unterscheidet, es heißt eher, dass sein Leben sich für Gott öffnet. Nirgends steht geschrieben, dass ein Christ unbedingt getauft sein muss. Die Taufe ist also weder Bedingung für die Zuwendung Gottes noch kann man diese damit irgendwie erzwingen. Gott wendet sich allen Menschen zu, sie brauchen sich nur ihm zuzuwenden und sich für ihn zu öffnen. Der ursprüngliche Gedanke der Umkehr und bewussten Annahme der Zusage Gottes sollte also auch weiterhin mitgedacht werden. Gott nimmt die Menschen an, das macht die Taufe sichtbar und erfahrbar. Eine Garantie für ein besseres Leben ist sie nicht.

Martin Luther hat 95 **THESEN** an die Wittenberger Schlosskirchentür gehämmert

Jahrelang hatte sich Luther nach Kräften bemüht, Gott zu gefallen. Doch nie hatte er das Gefühl, dass Gott mit ihm zufrieden sei. Bis er im Römerbrief des Paulus las: »Denn darin wird offenbart die Gerechtigkeit, die vor Gott gilt, welche kommt aus Glauben in Glauben; wie geschrieben steht: Der Gerechte wird aus Glauben leben.« (Römer 1,17) In ihm wuchs die Erkenntnis, dass Gott nicht etwa, wie er bisher gedacht hatte, ein Richter sei, der die Guten belohnt und die Bösen bestraft, sondern ein barmherziger Gott, der Sünder allein aufgrund ihres Glaubens annehme. Gehorsam und blinder Glaube den Lehren einer Kirche gegenüber, die den Bau ihrer Kathedralen durch den Ablasshandel finanzierte, erschienen Luther daher unhaltbar. Es heißt, dass dieser Augustinermönch und Theologieprofessor eines Tages seine Feder zückte, 95 Thesen gegen den Ablasshandel niederschrieb und am frühen Morgen des 31. Oktober 1517 mit wehendem Gewand zur Tür der Wittenberger Schlosskirche, dem Schwarzen Brett der Universität, eilte, um die Thesen dort anzuhämmern, sodass es durch die ganze Stadt schallte. Ein eindrucksvolleres Bild hätte es für den Beginn der Reformation wohl kaum geben können. Und doch ist es wahrscheinlich eine schöne Legende, denn wann und ob die Thesen eventuell an der Tür aufgehängt wurden, ist heute sehr umstritten. Wahrscheinlich schickte er seinen kirchlichen Vorgesetzten, unter anderem dem Erzbischof Albrecht von Mainz, unter dessen Verantwortung der Ablasshandel betrieben wurde, einen Brief, dem er die in der damaligen Wissenschaftssprache Latein verfassten Thesen beilegte. Und wahrscheinlich legte er einige Exemplare an der Wittenberger Universität aus. Damit wollte er eine Diskussion unter Theologen anregen. Aber es kam anders. Niemand ließ sich auf eine Auseinandersetzung mit ihm ein, stattdessen fanden die Thesen so große Zustimmung unter immer mehr Menschen, dass sie sich, schnell ins Deutsche übersetzt, in ganz Nordeuropa verbreiteten. Weitere Reformatoren traten auf. Viele Christen schlossen sich den neuen Ideen an und brachen mit der römischen Kirche. Die Reformation nahm ihren Lauf.

Christen schüren die Angst vor dem **TOD**

Einige schon, ja. Sie drohen damit, dass die Verstorbenen ein hartes Gericht erwarte, in dem sortiert wird: die Guten in den Himmel, die Bösen in die Hölle. Aber eigentlich spricht das Christentum anders vom Tod. Zum Beispiel von einem Heimgehen zu Gott. »Ich werde nun Jesus gegenübertreten. Wir werden uns sehen, wenn ihr dorthin kommen werdet.« Das waren die letzten Worte von Karla Faye Tucker, die am 4. Februar 1998 in Texas (USA) durch Giftinjektion hingerichtet wurde. Während ihrer langen Haftzeit hatte sich die Mörderin zum Christentum bekehrt. Festgeschnallt auf einer Liege, verabschiedete sich die 38-Jährige ohne Angst aus dem Leben. Ihr Sterben hat unzählige Menschen auf der ganzen Welt angerührt. Vermutlich deshalb, weil sich viele eine so präzise Hoffnung wünschen über das, was nach dem Tod passiert. Denn über das Jenseits tun sich viele Fragen auf. Taucht die unsterbliche Seele nach dem Tode des Körpers in ein »Lebensmeer«? Behält der Mensch auch über den Tod hinaus seine Identität? Werden wir Gott gegenübertreten »von Angesicht zu Angesicht«? Tritt die biblische Voraussage ein, dass Christus am Jüngsten Tag auf einer Wolke zur Erde fahren wird, um Lebende und Tote zu richten – »die das Gute getan haben, werden zum Leben auferstehen, die das Böse getan haben, zum Gericht«?

Vielen Christen sind solche Deutungen der Auferstehung zu spekulativ. »Über den letzten Dingen liegt ein von Gott gewolltes

Geheimnis«, gestand der katholische Theologe Karl Rahner. Dies zu lüften ist auch Christen nicht vergönnt.

Vielleicht ist das einer der Gründe dafür, dass Christen auch von der »Auferstehung mitten im Leben« sprechen. Ihr Gedankengang: Mit dem Begriff »Tod« könnte statt des körperlichen auch der seelische, geistliche Tod gemeint sein: das Verkrusten, das Stehenbleiben, das Leiden. In diesem Fall wären Menschen nicht nur beim Sterben, sondern schon mitten im Leben vom Tode umfangen. »Das war wie eine kleine Auferstehung«: Dieser Ausspruch entfährt als kleiner Stoßseufzer nicht selten von schwerer Krankheit Genesenden oder aus Lebenskrisen Befreiten. Viele von ihnen haben während ihrer Leidenszeit im Glauben Trost gefunden, genauer: im Blick auf den leidenden Jesus. Dass Christus das Leid, sogar den Tod überstanden hat, lässt viele gestärkt ihr eigenes Kreuz tragen.

Man könnte den Gedanken weiterspinnen. Wenn es stimmt, dass wir im Leben vom Tode umfangen sind, könnte auch das Gegenteil zutreffen: »Mitten im Tod sind wir von Leben umfangen« (Martin Luther). Zu verstehen ist das nur, wenn man die Hoffnung teilt: Der Tod hat nicht das letzte Wort, das Leben ist stärker. Wer sich gewiss ist, dass es weitergeht, für den ist die Todesstunde kein endgültiger Abschied, sondern nur eine Station. So wie für Karla Faye Tucker.

Wer **TODSÜNDEN** begeht, wird mit der Hölle bestraft

Hochmut, Habgier, Wollust, Zorn, Völlerei, Neid und Trägheit. Diese menschlichen Laster, die letztlich meist das Gegenteil von dem bringen, was sie versprechen, wurden traditionellerweise häufig als die sieben Todsünden bezeichnet, sind aber eher die

Ursache für Sünden. Der Katechismus der katholischen Kirche definiert den Begriff Todsünde heute so: »Man begeht eine Todsünde, wenn zugleich eine schwerwiegende Materie, die volle Erkenntnis und die freiwillige Zustimmung vorliegen. Eine solche Sünde zerstört in uns die Liebe, beraubt uns der heiligmachenden Gnade und führt uns zum ewigen Tod der Hölle.« Drei Voraussetzungen muss eine Sünde also erfüllen, um als Todsünde zu gelten. Sie muss bewusst und aus freier Entscheidung begangen werden und einen Verstoß gegen grundsätzliche Regeln des Zusammenlebens (wie etwa die Zehn Gebote) oder gegen die Verbindung zu Gott darstellen. Das eigentlich Tödliche an einer solchen Sünde ist also, dass sie die Beziehung zu Gott zerstört. Versteht man die Hölle als einen Zustand, in den sich jemand selbst bringt, wenn er sich vollständig von Gott abwendet und die Liebe, die Gott ihm anbietet, zurückweist, dann würde sich jemand, der sich durch eine Todsünde von Gott entfernt hat und allen Liebesangeboten zum Trotz bei dieser Haltung bleibt, tatsächlich selbst in die Hölle versetzen. Das Besondere am christlichen Glauben ist allerdings gerade die in Jesu Tod und Auferstehung gründende Hoffnung darauf, dass Gott niemanden verlorengehen lässt. Allein durch seinen Glauben und Gottes Gnade sei der Mensch vor Gott gerechtfertigt, meinte Luther. Jeden also, der sich Gott zuwendet und glaubt, den nimmt Gott in seiner Liebe an, auch wenn er Fehler begangen hat. Die katholische Kirche sieht das etwas anders, zeigt aber ebenfalls, dass Umkehr immer möglich ist, egal, was man getan hat. »Todsünden werden gewöhnlich durch das Taufsakrament oder durch das Sakrament der Buße und der Versöhnung vergeben.« Reue und Buße werden hier also als deutliche Zeichen der Umkehr erwartet.

U

Luther hat als erster die Bibel ins Deutsche **ÜBERSETZT**

Nein, der erste, der die Bibel ins Deutsche übersetzte, war Luther nicht. Obwohl zu seiner Zeit fast nur die Vulgata, die lateinische Bibel, verwendet wurde, gab es schon 14 vollständige Bibelübersetzungen, bevor Luther mit seiner Übersetzungsarbeit begann. Der erste, der die Bibel in eine germanische Sprache übersetzt hatte, war Bischof Wulfila (um 311–383). In Anlehnung an die griechische Schrift und unter Verwendung einiger lateinischer Buchstaben und Runen hatte er die gotische Schrift entwickelt und später die Bibel übersetzt, wobei er sich auch wortschöpferisch betätigte, um die christlichen Ideen in seiner Umgebung verständlich machen zu können. Die meisten Übersetzungen allerdings, die es zu Luthers Zeit schon gab, folgten dem genauen Wortlaut der Vulgata, da man lange Zeit befürchtet hatte, ansonsten zu sehr in den überlieferten Text einzugreifen, dadurch die Lehre der Kirche zu verletzen und letztendlich als Irrlehrer dazustehen. Daher waren diese Ausgaben nur schwer zu lesen und zu verstehen und für den Normalbürger auch nicht viel verständlicher als der lateinische Text.

Luther, der 1521 zu seinem eigenen Schutz von seinem Landesfürsten Friedrich dem Weisen auf die Wartburg entführt worden war, wo er als Junker Jörg inkognito lebte, fand dort die Zeit für ein lange gehegtes Vorhaben: In nur elf Wochen übersetzte er das Neue Testament aus dem Griechischen ins Deutsche. Sein Freund Melanchthon und weitere Bekannte halfen ihm dabei und überarbeiteten seine Texte. So konnte die Übersetzung schon im September 1522 gedruckt erscheinen. In den folgenden Jahren bis 1534 übersetzte Luther mit Hilfe seiner Freunde auch das Alte Testament ins Deutsche. In den inzwischen protestantischen Gebieten wurde seine Bibelübersetzung rasch zu einem Volksbuch, das sich großer Beliebtheit und schneller Verbreitung erfreute. Was aber trug zu diesem großen Erfolg seiner Übersetzung bei? Bisher hatte man überall in Deutschland noch im regionalen Dialekt geschrieben. Eine einheitliche Schriftsprache gab es noch nicht. Luther hatte sich aber vorgenommen, den Menschen besser verständlich zu machen, was die Bibel zu sagen hatte. Daher griff er zum einen nicht, wie so viele seiner Vorgänger, auf die lateinische Vulgata, sondern auf die ursprünglichen griechischen und hebräischen Texte zurück. Außerdem wollte er, dass auch einfache Menschen und nicht nur Theologen die Botschaft der Bibel selbst verstehen konnten. Daher nutzte er den deutschen Dialekt, der in der Kanzlei seines sächsischen Landesherren verwendet wurde, und entwickelte eine ganz eigene, sehr bildhafte und allgemeinverständliche Ausdrucksweise. Er hörte einfach den Menschen auf der Straße genau zu: »Man muss die Mutter im Hause, die Kinder auf den Gassen, den gemeinen Mann auf dem Markt drum fragen, und denselbigen auf das Maul sehen, wie sie reden, und darnach dolmetschen; da verstehen sie es denn, und merken, dass man deutsch mit ihnen redet.« So erreichte Luther nicht nur, dass jeder seinen Glauben selbstständig auf den Bibeltext gründen konnte, sondern leistete außerdem einen entscheidenden Beitrag zur Entwicklung der einheitlichen neuhochdeutschen Sprache.

Der Papst ist **UNFEHLBAR**

Während des Ersten Vatikanischen Konzils, das 1869 eröffnet wurde, ließ sich Papst Pius IX. für unfehlbar erklären, was nicht nur bei evangelischen Christen zu ungläubigem Kopfschütteln führte. Fast 20 Prozent der beim Konzil anwesenden Bischöfe verließen das Konzil vor der entscheidenden Abstimmung. Dennoch reichten die übrigen Stimmen, um die Unfehlbarkeit des Papstes zum Dogma erheben zu können. Von nun an hatten die katholischen Christen daran zu glauben, dass der Papst in Fragen des Glaubens und der Moral nicht irren könne. Wie soll man sich das vorstellen? Wird nun alles, was der Papst von sich gibt, zur Wahrheit?

Zum Glück ist das so einfach nicht. Gegen die Naturgesetze und allgemeine Vernunfteinsichten kann auch der Papst noch nicht andogmatisieren. Wohl aber hatte er von nun an letztendlich die alleinige Entscheidungshoheit darüber, was katholische Christen zu glauben und wie sie sich in moralischen Fragen zu verhalten haben. »Das Lehramt ist unfehlbar, wenn der Papst kraft seiner Autorität als oberster Hirte der Kirche eine Lehre über den Glauben oder die Sitten in einem endgültigen Akt verkündet. Solchen Lehren muss jeder Gläubige im Glaubensgehorsam anhängen«, heißt es im Katechismus der katholischen Kirche. Es geht dabei also nicht um private Ansichten des Papstes, sondern um Aspekte des Glaubens, die zur verbindlichen Lehre erhoben werden sollen. Und das kann der Papst nicht einfach nebenbei entscheiden, sondern nur, wenn er »ex cathedra« spricht, also unmissverständlich deutlich macht, was er da gerade verkünden möchte. Diese Möglichkeit wurde bis heute auch erst zweimal genutzt, denn da eine solche Lehre nicht plötzlich ganz neue, noch nie dagewesene Gedanken enthalten darf, berät sich der Papst sowieso mit den Bischöfen und es wird gemeinsam entschieden. Das letzte Wort allerdings hat dann der unfehlbare Papst. Denn Katholiken glauben, dass Christi Lehrautorität durch Petrus auf die Kirche übertragen wurde, dass also in diesen Situationen eigentlich der Heilige Geist, der sich natürlich nie irren kann, aus dem Papst spricht, weshalb auch eine solche Lehre nie wieder geändert werden braucht. Die Unfehlbarkeit ist allerdings selbst schon eine Glaubensfrage. Protestanten sehen im Papst einen normalen Menschen, wie jeden anderen auch. Schon Luther war sich sicher, dass der Glaube keine Vermittlung durch die Institution Kirche oder durch irgendwelche Einzelpersonen braucht. Jeder Mensch kann auf der Grundlage der biblischen Überlieferungen und seines Glaubens sein Gewissen schärfen und zu seiner eigenen begründeten Meinung kommen.

Christen müssen der Obrigkeit **UNTERTAN** sein

»Jedermann sei untertan der Obrigkeit, die Gewalt über ihn hat. Denn es ist keine Obrigkeit außer von Gott; wo aber Obrigkeit ist, die ist von Gott angeordnet« (Römer 13,1), schrieb Paulus an die römische Gemeinde. Und auch Jesus sagte: »Gebt dem Kaiser, was des Kaisers ist, und Gott, was Gottes ist« (Markus 12,13). Müssen sich Christen also wirklich jeder Obrigkeit unterordnen, egal wie diese handelt?
Die ersten Christen haben sich der römischen Herrschaft nicht aktiv widersetzt, sie weigerten sich aber, am Kaiserkult teilzunehmen, und leisteten keinen Militärdienst, wofür viele Christen bis in den Märtyrertod hinein verfolgt wurden. Ein Jahrtausend später stellte der Kirchenlehrer Thomas von Aquin (1225–1274) fest: »Ein unrechtes Gesetz verpflichtet nicht.« Man müsse sich der Obrigkeit also nur dann unterordnen, wenn sie sich selbst auch an die göttlichen Gesetze halte. Diesen Gedanken griff auch Luther auf, er geht in seiner Zwei-Reiche-Lehre aber zunächst davon aus, dass die Obrigkeit sich, genau wie die Kirche auch, Gott verpflichtet weiß. Der Mensch lebe in zwei Reichen zugleich, meint Luther, in einem geistlichen, in dem sich die Menschen nach der Botschaft Jesu richten sollten, und in einem weltlichen, in dem man sich den staatlichen Vorgaben unterzuordnen

habe, damit die allgemeine gottgewollte Ordnung aufrechterhalten bliebe. Damit weist er einerseits die Kirche in ihre Schranken, die sich seiner Ansicht nach nicht zu sehr in weltliche Angelegenheiten einmischen sollte; andererseits kritisiert er diejenigen, die meinen, man könne allein nach den Grundsätzen des Evangeliums die Welt regieren. Solange die Obrigkeit sich an Gottes Gebote halte, habe man sich ihr auch unterzuordnen. Dies ändere sich allerdings, »wenn der Kutscher trunken ist«. Wenn die Obrigkeit also ihrer Verpflichtung Gott gegenüber nicht mehr nachkomme, sei auch der Untertan von seiner Gehorsamspflicht befreit. Ähnlich argumentiert die schon im Mittelalter angedachte Lehre vom Tyrannenmord, auf die sich auch Dietrich Bonhoeffer berief, als er am Attentat auf Hitler mitwirkte. Bonhoeffer erklärte allerdings, wer sich mit Mitteln der Gewalt auflehne, mache sich immer auch selbst schuldig.

Das soziale Zusammenleben von Menschen braucht ordnende Strukturen, die sich nicht von selbst ergeben, sondern die Menschen gemeinsam finden müssen. Jesu Botschaft erzählt vom kommenden Reich Gottes, in dem Gerechtigkeit zum Wohlergehen aller herrscht. Christen sind nicht verpflichtet, sich einer Obrigkeit widerstandslos unterzuordnen. Im Gegenteil, sie dürfen daran mitwirken, dass den Mächtigen nicht mehr Macht zukommt, als sie für die Aufrechterhaltung des Allgemeinwohls brauchen, und dass auch die Schwachen zu ihrem Recht kommen.

Unter den **URCHRISTEN** herrschte Harmonie

»Alle aber, die gläubig geworden waren, waren beieinander und hatten alle Dinge gemeinsam. Sie verkauften Güter und Habe und teilten sie aus unter alle, je nachdem es einer nötig hatte.

Und sie waren täglich einmütig beieinander im Tempel und brachen das Brot hier und dort in den Häusern, hielten die Mahlzeiten mit Freude und lauterem Herzen und lobten Gott und fanden Wohlwollen beim ganzen Volk. Der Herr aber fügte täglich zur Gemeinde hinzu, die gerettet wurden … Die Menge der Gläubigen aber war ein Herz und eine Seele« (Apostelgeschichte 2,44–47 und 4,32–35). So schildert die Apostelgesichte die Anfangszeit des Christentums: Ein beinahe himmlisches Ideal an Harmonie und Solidarität. Damals, unter den ersten Christen, wurde das Evangelium noch ursprünglich gelebt. Friede, Freude, Einerlei – zu schön, um wahr zu sein. Und tatsächlich, diese Schilderungen sind wohl eher den romantischen Vorstellungen des Autors Lukas entsprungen, als dass sie die damalige Realität widerspiegeln.

Lukas schildert allerdings auch anderes. In äußerst drastischer Weise beschreibt er, wie es Hananias und seiner Frau Saphira erging, als sie der Gemeinde einen Teil des Erlöses vom Verkauf ihres Ackers vorenthalten wollten (Apostelgeschichte 5). Als Hananias das restliche Geld zu Petrus brachte, sagte der: »Hananias, warum hat der Satan dein Herz erfüllt, dass du den Heiligen Geist belogen und etwas vom Geld für den Acker zurückbehalten hast? Warum hast du dir dies in deinem Herzen vorgenommen? Du hast nicht Menschen, sondern Gott belogen.« Und Hananias? Der »fiel zu Boden und gab den Geist auf.« Aber obwohl schon jetzt »eine große Furcht über alle, die dies hörten« kam, ist die Geschichte noch nicht zu Ende, denn einige Zeit später taucht die Frau des Hananias nichtsahnend bei Petrus auf. Er befragt sie zum Sachverhalt; als sie ihn anlügt, antwortet er: »Siehe, die Füße derer, die deinen Mann begraben haben, sind vor der Tür und werden auch dich hinaustragen. Und sogleich fiel sie zu Boden, ihm vor die Füße, und gab den Geist auf.« Gar nicht mehr heimelig und harmonisch scheint dem Leser das Urgemeindeleben da. Aber offensichtlich wollte Lukas das mit dieser Schilderung auch erreichen. Denn er hängt der Erzählung ein weiteres Mal die Bemerkung an, dass »eine große Furcht über die ganze Gemeinde und über alle, die das hörten« gekommen sei. Lukas meinte wohl, nach der Geschichte käme keiner mehr auf die Idee, das schöne Urgemeindeidyll durch eigenmächtiges Verhalten zu stören oder in Frage zu stellen.

Dennoch, so idyllisch, wie Lukas es gerne gehabt hätte, war die Realität tatsächlich nicht. Wenn wir den Schilderungen in einigen Paulusbriefen folgen, hat es wohl einige Unstimmigkeiten zwischen den Gemeindegliedern gegeben, die auch zu heftigen Streitereien führten. In der Jerusalemer Gemeinde, der unter der Leitung des Petrus hauptsächlich Judenchristen angehörten, kam es unter den hebräisch und den eher hellenistisch geprägten Mitgliedern zum Streit darüber, ob die jüdischen Gesetzesvorschriften weiterhin einzuhalten seien. Auch zwischen der Jerusalemer Gemeinde und Paulus gab es Meinungsverschiedenheiten. Man verständigte sich daher darauf, dass Petrus sich für die Mission von Judenchristen verantwortlich fühlte, während Paulus zur Heidenmission berufen sei. Der Konflikt aber scheint damit auch nicht beigelegt gewesen zu sein, denn nun wurde die Frage, ob denn die Heidenchristen die jüdischen Gesetzesvorschriften einzuhalten hätten, erst recht zum Problem. Letztendlich einigte man sich darauf, dass sie nur grundlegende Anforderungen zu erfüllen hatten, um die Mahlgemeinschaft mit den Judenchristen zu ermöglichen. Außerdem sollten sie für die Gemeinde in Jerusalem Geld sammeln.

Viele Unstimmigkeiten trübten also die Harmonie der frühen Christenheit. Dennoch waren sich alle einig: Der Jude Jesus von Nazareth ist der Sohn Gottes und auferstanden von den Toten.

V Am Ende werden alle **VERSTORBENEN** leiblich auferstehen

Auf alten Gemälden ist es zu sehen: Die Gräber tun sich auf am Ende der Zeit und Christus zieht die Verstorbenen unversehrt heraus. Aus dem frühen Christentum gibt es allerdings kaum konkrete Aussagen über ein Leben nach dem Tod. Christen rechneten mit einer unmittelbar bevorstehenden Wiederkunft Christi, deshalb machte sich zunächst niemand Gedanken darüber, was denn mit denen geschehen sollte, die vorher starben. Als sich die Zeitenwende allerdings immer weiter verzögerte und in den Gemeinden schon einige Menschen verstorben waren, begann man sich zu sorgen, ob und wie diese denn nun noch am Gottesreich teilhaben könnten.
Niemand hat Jesu Auferstehung gesehen, eine einheitliche Vorstellung davon, was bei der Auferstehung geschieht und wie das Dasein danach aussehen könnte, gibt es im Christentum nicht. Die christliche Auferstehungshoffnung geht auf die Erfahrungen der Anhänger Jesu zurück, die überzeugt waren, dem Auferstandenen begegnet zu sein. Das gab ihnen neue Hoffnung auch im Hinblick auf ihren Tod. Paulus, der Jesus zu seinen Lebzeiten gar nicht persönlich gekannt hatte, war überzeugt davon, dass ihm der Auferstandene in einer Vision erschienen war. In einem Brief an die Thessalonicher schrieb er: » Denn wenn wir glauben, dass Jesus gestorben und auferstanden ist, so wird Gott auch die, die entschlafen sind, durch Jesus mit ihm einherführen« (1. Thessalonicher 4,14). Jesus sei der »Erstling« (1. Korinther 15,20) der Auferstandenen gewesen, belehrt er in einem anderen Brief. Wenn Gott Jesus auferweckt und damit den Tod ein für alle Mal

in die Schranken gewiesen hat, können auch wir darauf hoffen, dass Gott uns im Tod nicht verlorengehen lässt. Die Vorstellung, dass der Körper nur ein Gefängnis der Seele sei, die diesen beim Sterben einfach verlasse, gab es in der jüdischen Tradition nicht. Körper und Seele galten als untrennbare Einheit und diese Einheit machte die Identität eines Menschen aus. Deshalb betonte Paulus so nachdrücklich, dass man sich die Auferstehung leiblich vorzustellen habe. Damit meinte er allerdings nicht, dass der verwesliche irdische Körper den Tod überstehe. Er spricht davon, dass das »Verwesliche anziehen wird die Unverweslichkeit und das Sterbliche anziehen wird die Unsterblichkeit« (1. Korinther 15,53). Man könne sich das vorstellen wie bei einem Samenkorn, meint er, das in Gestalt des Korns in die Erde gelegt wird und darin zu vergehen beginnt, während gleichzeitig eine neue Pflanze aus ihm werde. Es geht Paulus bei der Vorstellung von einer leiblichen Auferstehung also vor allem darum, dass der Einzelne seine Identität auch über den Tod hinaus behält, auch wenn sich in der Auferstehung alles auf unvorstellbare Weise verwandle.

Trotz aller Beschreibungsversuche: Sowohl die Bibel als auch wir heute können nicht wissen, was genau nach dem Tod mit uns geschieht. Die christliche Hoffnung, dass der Tod nicht das letzte Wort behalten wird, lässt sich allenfalls in Bildern zum Ausdruck bringen. Der Glaube an die Auferstehung Jesu lässt Christen hoffen, dass auch für sie mit dem Tod nicht alles zu Ende sein wird. Christen vertrauen darauf, dass Gott seine Schöpfung liebt, auch über den Tod hinaus. Auferstehung bedeutet dann, auch im Tod in der Liebe Gottes aufgehoben zu sein. Wer darauf vertrauen kann, hat das ewige Leben schon jetzt, daran ändert auch der Tod nichts.

Jesus in der Wüste, hungrig und durstig nach vierzig Tagen Fasten. Gefundenes Fressen für den Teufel, der sich heranschleicht. Der hungrige Jesus solle sich einfach die Steine in Brot verwandeln, meint der Satan herausfordernd. Dann: Von den Zinnen eines Tempels solle er hinunter springen, Gott werde ihn doch wohl schützen?! Zuletzt bietet der Teufel Jesus die Weltherrschaft an, wenn er sich nur von Gott ab- und dem Teufel zuwende, um ihn anzubeten. Jesus aber tut nichts dergleichen und setzt dem Teufel seinen Glauben an Gott entgegen, der keiner Beweise bedarf. Schließlich verschwindet der Teufel resigniert (Matthäus 4). Es scheint ganz einfach und deutlich, wer hier wen in Versuchung geführt hat. Der Teufel ist der Versucher. Bei genauerem Hinsehen jedoch wundert man sich. »Da wurde Jesus vom Geist in die Wüste geführt, damit er von dem Teufel versucht würde« (Matthäus 4,1). Der Heilige Geist ist derjenige, der Jesus, offensichtlich auch noch mit voller Absicht, in diese Situation gebracht hat. Ähnlich sieht es in vielen anderen Versuchungsgeschichten der Bibel aus. Im Paradies ist es die Schlange, die die Neugier in Eva weckt (1. Mose 3). Wer aber hat den Baum der Erkenntnis mitten ins Paradies gepflanzt? Hiob wird vom Teufel mit Unglück überhäuft, weil der Teufel Gott beweisen möchte, dass er Hiobs Glauben zerstören kann. Wer aber lässt sich auf die Wette ein und die ganze Aktion zu? »Und führe uns nicht in Versuchung« (Matthäus 6,13), beten wir im Vaterunser. Ist es also gar nicht der Teufel, sondern Gott selbst, der uns in Versuchung führt? »Niemand sage, wenn er versucht wird, dass er von Gott versucht werde. Denn Gott kann nicht versucht werden zum Bösen, und er selbst versucht niemand« (Jakobus 1,13), heißt es im Jakobusbrief. Wer versucht die Menschen denn nun?

Dass es in der Schöpfung eines liebenden Gottes Böses und Zerstörerisches gibt, hat das menschliche Denken schon immer beschäftigt. Die Vorstellung vom Teufel als einer Personifikation des Bösen macht es möglich, sich ihn als Gegenspieler Gottes vorzustellen. So kann man am einfachsten davon ausgehen, dass Gott das Böse nicht will. Dennoch läuft es letztendlich immer darauf hinaus, dass Gott es ja zulässt. In der Welt gibt es destruktive Kräfte. Der Teufel ist der »Geist, der stets verneint« (Goethe), all das sinnlos Scheinende, das die Ordnung der Schöpfung bedroht. Auch in uns selbst gibt es diese Seiten, es führt also nicht sehr weit, die Verantwortung auf einen Teufel abzuschieben. Versuchung geschieht in uns selbst. Gott hat uns als sein »Ebenbild« erschaffen. Nur weil wir ein (Selbst-)Bewusstsein haben, können wir ihn als Gegenüber erkennen. Nur weil wir frei sind in unseren Entscheidungen, in unserem Denken und Handeln, sind wir wirklich lernfähig – wer nie Fehler macht, um es hinterher besser zu wissen, lernt nicht dazu.

Wirkliche Entscheidungsfreiheit bedeutet aber auch, dass man sich nicht immer nur zwischen guten Alternativen entscheiden kann. Es gibt sogar Situationen, in denen alle Entscheidungen schlimme Folgen nach sich ziehen. Freiheit bedeutet auch Freiheit zum Unguten. Versuchung ist in der Schöpfung enthalten – auch wenn Menschen oft nicht verstehen, wie das zu einem liebenden Gott passt. Kein Teufel führt uns direkt hinein. Einen weiteren Aspekt bietet ein Blick in den Urtext der Bibel. Welches griechische Wort hatte Martin Luther eigentlich vor Augen, als er auf der Wartburg das Neue Testament aus dem Griechischen ins Deutsche übertrug? »Peirasmos« steht da, was nicht nur Versuchung, sondern auch »Prüfung, Erprobung« bedeutet. Dass Gott die Menschen in Prüfungen führt, ist durchaus vorstellbar. Wer Prüfungen besteht, reift. So würde auch ein Satz aus dem Buch Judit Sinn machen: »Achtet es für lauter Freude, meine Brüder, wenn ihr in mancherlei Versuchungen geratet!«

»Wir wissen wohl, dass auch bei diesem Heiligen Stuhl schon seit manchem Jahr viel Verabscheuungswürdiges vorgekommen ist: Missbräuche in geistlichen Dingen, Übertretungen der Gebote, ja, dass alles sich zum Argen verkehrt hat«, bekannte Papst Hadrian VI. (1459–1523 n. Chr.) und gab damit erste Anstöße zu einem Umdenken nach den Unruhen der Reformationszeit. Bei den Päpsten gab es zu allen Zeiten viel Machtgier, Egoismus und Vergnügungssucht, aber auch echten Glauben, Frömmigkeit und Bemühungen um ein angemessenes Zusammenleben, wie unter allen anderen Menschen auch. Beim einen mehr, beim anderen weniger. Machterhalt spielte im Papsttum von Anfang an eine große Rolle, so mischten Päpste sich immer wieder auch politisch ein und bei Intrigen mit, um ihre eigene Machtposition zu stärken, und wurden dabei nicht selten selbst zum Spielball der Politik. Besonders im Mittelalter wurden Päpste scheinbar beliebig ab- und wieder eingesetzt, zeitweise gab es sogar gleichzeitig zwei Päpste, die sich untereinander befeindeten. Vor Mord und anderen Verbrechen schreckte man nicht zurück und die Inquisition wurde dazu genutzt, nicht nur ferne Glaubensgegner, sondern auch ganz persönliche Widersacher auszuschalten. Eine verschwenderische Lebensführung mit reichlich Personal und prunkvolle Bauten verschlangen Unsummen an Geld, die durch schonungslose Steuereintreibung und schließlich auch durch den Verkauf von Ablassbriefen, der Luther so empörte, herbeigeschafft werden mussten. Aber auch mit Zölibat und Sittlichkeit nahm man es nicht so genau. Hadrian II. (792–872) lebte mit Frau und Tochter im Lateranpalast, da er schon vor der Wahl zum Papst geheiratet hatte, und Johannes XII. (937 oder 939–964) starb wohl bei einem seiner Liebesabenteuer.
Nein, besonders vorbildhaft ist all dies nicht. Auch die Päpste sind und bleiben eben ganz normale Menschen.

W

WEIHNACHTEN ist der wichtigste Festtag der Christenheit

»Alle Jahre wieder« weihnachtet es sehr und Christen wie Nichtchristen geraten in Einkaufstaumel und Stress. Spätestens wenn die Familie, die das ganze Jahr über kein Wort miteinander wechselt, sich im viel zu engen Wohnzimmer zwischen Tannenbaum und Kindergeschrei unterhalten soll, machen sich Streit und Sprachlosigkeit breit. Weihnachten, das Fest der Liebe, des Friedens und der Familie, das Fest, auf das Kinder das halbe Jahr lang hinfiebern und das Erwachsene, die gar nicht fassen können, dass es schon wieder so weit ist, in Panik versetzt, wenn kurz vor Ladenschluss noch ein Paar Socken für Opa gekauft werden muss. Plötzlich sind die Kirchen voll, obwohl kaum noch jemand weiß, wo eigentlich der Unterschied zwischen Christkind, Weihnachtsmann und Nikolaus liegt – die bringen doch alle Geschenke, oder?! Und komisch, in der Kirche kommen die dann gar nicht vor. Richtig, da geht es ja immer um ein Kind. Aber warum? Und warum versuchen wir überhaupt jedes Jahr aufs Neue vergeblich, die Harmonie, die das ganze Jahr über fehlt, in drei Tage hineinzuwünschen? Egal, Hauptsache, man hat es wieder mal hinter sich und kann, wenn man Glück hat, wenigstens zwischen den Jahren noch ein Paar freie Tage unbelästigt in Normalität nebeneinander her leben.

Kein anderes Fest im Jahr ist mit solchen Erwartungen besetzt und so stark im Bewusstsein auch der Kirchenfernsten. Was heute wohl mehr der Werbe- und Konsumindustrie zu verdanken ist als den Kirchen. Schließlich wird man schon ab September mit Lebkuchen und Schokoladenweihnachtsmännern überschüttet, während gleichzeitig ununterbrochen von Ruhe, Besinnung und Gemütlichkeit die Rede ist. Dieses Fest muss doch das wichtigste im Jahr sein, warum tut man sich das alles sonst an? Leider ist das ein Irrtum, denn der christliche Glaube könnte auf Weihnachten eigentlich auch verzichten. Die Erzählungen über Herkunft und Geburt Jesu in der Bibel sind Legenden, die Lukas und Matthäus an den Beginn ihrer Evangelien gesetzt haben, um Jesu Besonderheit herauszustellen. Markus, Johannes und Paulus können auf Spekulationen über Jesu Kindheit ganz verzichten. Das Osterfest ist das älteste und auch das theologisch wichtigste Fest der Christen. Weihnachten ist nur vor diesem Hintergrund richtig zu verstehen: Erst mit dem Wissen um Jesu Botschaft, sein Leben, sein Sterben und seine Auferstehung, lässt sich erahnen, was das für ein Kind ist, dessen Geburtstag wir an Weihnachten feiern.

Als eines der letzten Feste wurde Weihnachten Ende des vierten Jahrhunderts in den christlichen Festkalender aufgenommen. Da niemand Jesu Geburtsdatum kannte – damals interessierte man sich nicht für die Geburt, sondern wenn überhaupt für den Tod besonderer Menschen –, konnte der 25. Dezember als Geburtstag Christi von der Kirche festgelegt werden. Das war ganz praktisch, denn die heidnischen Römer feierten am gleichen Tag den Geburtstag ihres Sonnengottes. Dieser beliebte und im Jahr 274 von Kaiser Aurelian zur Staatsreligion erklärte Kult stand damals gerade in starker Konkurrenz zum Christentum. Die Kirche brauchte also auch ein Fest im Dezember und legte Jesu Geburt kurzerhand ebenfalls auf den 25. Dezember. Weihnachten, geweihte Nacht, was wird denn da nun eigentlich gefeiert? Christen feiern, dass Gott bei uns Menschen angekommen ist. Gott wird erfahrbar, den Menschen ähnlich und nah und bleibt doch fremd. Mit der Geburt Jesu beginnt auch der Weg seines Lebens, das am Kreuz enden wird. In dem Kind in der Krippe lässt sich dennoch erkennen, Gott ist nah. Als Kind ist er auf die Welt gekommen und nun liegt er in einer ärmlichen Hütte hilflos im Stroh. So einfach ist die Botschaft dieses Festes und doch kaum fassbar. Eigentlich verträgt sie nur demütiges Staunen. Ein kleines, leises Fest müsste Weihnachten sein. All die großen Erwartungen könnten auf den Rest des Jahres verteilt und alles Überflüssige könnte aussortiert werden. Wer den Rest der Zeit bewusst gestaltet und Wichtiges nicht aufschiebt, hat es auch nicht nötig, in den Weihnachtstagen etwas nachzuholen, was nicht nachholbar ist. Ehrlichkeit, Echtheit und Gemeinschaft das ganze Jahr über sind dem Zusammenleben und der Verständigung mit den Mitmenschen viel zuträglicher. Und man schafft sich so Ruhe und Zeit, um an Weihnachten das Staunen zu üben.

Die Vorstellung einer **WIEDERGEBURT** ist dem christlichen Glauben fremd

Einmal fragte Jesus »seine Jünger und sprach zu ihnen: Wer, sagen die Leute, dass ich sei? Sie antworteten ihm: Einige sagen, du seist Johannes der Täufer; einige sagen, du seist Elia; andere, du seist einer der Propheten« (Markus 8, 27f). All diese religiösen Gestalten waren aber zu diesem Zeitpunkt schon tot. Ist dies ein Zeichen dafür, dass der Reinkarnationsglaube auch in der Bibel eine Rolle spielte? Von einer Reinkarnationslehre in der Bibel, wie sie viele Esoteriker immer wieder hineinlesen, kann sicher nicht gesprochen werden, da die Vorstellung einer Seelenwanderung dem Judentum und auch der Botschaft der Evangelien in keiner Weise entsprach. Dennoch scheinen solche Vorstellungen den Menschen in der Zeit Jesu und der ersten Christen nicht völlig fremd gewesen zu sein, sodass auch die Jünger in ihrer Umgebung damit konfrontiert worden sein könnten. Die christliche Hoffnung auf die Auferstehung des Menschen und seine Erlösung durch die Gnade Gottes jedoch lässt sich nicht mit den heute aus dem Hinduismus oder diversen esoterischen Strömungen bekannten Lehren über Karma und Seelenwanderung vereinbaren.

Eine andere Form der Wiedergeburt jedoch kennt auch der christliche Glaube. Eine Wiedergeburt mitten im Leben. Der katholische Glaube hält die Taufe, bei der der Heilige Geist empfangen wird, für den Zeitpunkt, an dem sich eine solche Wiedergeburt ereignet. Auch in den anderen Konfessionen geht es bei dieser Vorstellung immer um den Gedanken einer Umkehr hin zu Gott, die nur einmal im Leben geschehen kann und an der der Heilige Geist beteiligt ist. »Es sei denn, dass jemand von neuem geboren werde, so kann er das Reich Gottes nicht sehen« (Johannes 3,3) und »Es sei denn, dass jemand geboren werde aus Wasser und Geist, so kann er nicht in das Reich Gottes kommen« (Johannes 3,5), wird Jesus im Johannesevangelium zitiert. Für eine solche Wiedergeburt im Leben ist also zum einen die Taufe, zum anderen aber und noch viel wichtiger, die bewusste Entscheidung des Menschen für Gott nötig. Erst, wenn die menschliche Entscheidung zur Umkehr und Gottes Zuwendung durch den Heiligen Geist zusammenkommen, kann der Mensch sein altes Leben hinter sich lassen und in ein neues geboren werden. Dann kann er das Reich Gottes erkennen, von dem Jesus immer wieder sagte, es sei schon unter uns, und sein Leben im Vertrauen auf Gott neu ausrichten.

Über Gott soll man keine **WITZE** machen

»Grüß Gott, wenn du ihn siehst. Ist ein alter Mann mit Hut.« Über was genau lachen Menschen eigentlich, wenn sie Witze wie diesen hören? Oder löst ein solcher Witz eher Unbehagen und Abwehr aus? »Du sollst den Namen des HERRN, deines Gottes, nicht missbrauchen; denn der HERR wird den nicht ungestraft lassen, der seinen Namen missbraucht« (2. Mose 20,7). Verbietet Gott uns mit diesem Gebot auch, Witze über ihn zu machen? Der römische Dichter Horaz (65–8 v. Chr.) meinte einmal, niemand könne verbieten, »die Wahrheit lachend zu sagen«. Das Christentum gilt allerdings bis heute eher als eine Religion, die mit erhobenem Zeigefinger auf Moral und Prinzipien pocht. Lachen scheint da nur die Ernsthaftigkeit und Autorität Gottes zu untergraben. Was machen Witze eigentlich mit uns? Warum bringen sie uns zum Lachen? Und sind Witze über Gott lustig oder überflüssig?

Witze machen in ganz besonderer Weise auf Unzulänglichkeiten in der Welt aufmerksam. Indem sie gewohnte Muster aufgreifen und in einen neuen Zusammenhang stellen oder sie mit einem unerwarteten Ausgang versehen, machen sie auf dahinterliegende, oft eingefahrene Gedankenstrukturen aufmerksam. Das plötzliche Erkennen dieser Hintergründe kann, je nachdem, wie sehr man sich in seinen eigenen Überzeugungen getroffen fühlt, befreiendes Lachen oder auch ein Gefühl des Unbehagens hervorrufen. Gute Witze, die nicht allein darauf abzielen, andere zu verletzen und zu verspotten, können also ungewohnte Perspektiven aufzeigen und zum Nachdenken über eigene Vor- und Einstellungen anregen. Witze über naiven Glauben, moralisierende Frömmigkeit oder eingefahrene Strukturen in den Kirchen können dann nicht nur lustig, sondern auch erhellend sein. Man muss sich nicht gleich von jedem Angriff auf die eigene, vielleicht allzu geliebte Glaubensüberzeugung zu beleidigten Protesten anstacheln lassen.

Aber wie ist das mit Witzen über Gott? Im Grunde muss die Diskussion, ob Witze über Gott erlaubt sind oder nicht, fruchtlos bleiben. Vielmehr müsste man sich fragen, ob man über Gott überhaupt Witze machen kann. Gott bleibt immer ganz anders und mehr, als wir wissen können. Daher können wir auch kaum aus einer distanzierten Perspektive heraus echte Witze über ihn erzählen, die seine Unzulänglichkeiten aufs Korn nehmen. Alles, was wir mit einem Witz treffen können, sind unsere eigenen

Vorstellungen und Gottesbilder. Es stellt sich also gar nicht die Frage, ob man mit Witzen Gottes Ehre ankratzt, denn das ist höchstens über den Umweg zerstörerischen gegenseitigen Verletzungswillens der Menschen untereinander möglich. Wohl aber sollte man sich, bevor man derartige Witze verbreitet, überlegen, was man damit wirklich beabsichtigt. Witze, die nur erzählt werden, um andere ins Lächerliche zu ziehen, ihren Glauben zu verspotten und zu verletzen, sind wenig fruchtbar und zerstören mehr, als dass sie befreiendes Lachen hervorrufen. Gegen Witze aber, die den Blick öffnen, weg von eingefahrenen Strukturen, Naivität und überstrapazierten Gottesbildern, hin zur Auseinandersetzung mit Überzeugungen und Glauben und zu neuen Perspektiven, hat Gott sicherlich nichts einzuwenden, auch wenn eines der Bilder, die sich die Menschen von ihm gemacht haben, dafür herhalten muss. Franz Kafka soll einmal über den Schriftsteller Chesterton gesagt haben: »Er ist so lustig, dass man fast glauben könnte, er habe Gott gefunden.« Vielleicht ist gerade im Witz, im Aufbrechen unserer beschränkten menschlichen Vorstellungen und dem Lachen darüber, manchmal auch etwas von Gott, dem ganz anderen, zu finden. In dieser Überzeugung wirkt die bittere Ernsthaftigkeit, mit der Muslime sich Karikaturen über Mohammed verbitten, kleinlich.

WUNDER sind unmöglich

»Wunder gibt es immer wieder ...«, heißt es in einem bekannten Schlager. Aber wer glaubt denn so etwas noch? Heute sprechen wir von Wundern meist, wenn Ereignisse den Naturgesetzen zu widersprechen scheinen. Alles, was sich natürlich erklären lässt, kann kein Wunder sein – eigentlich gibt es heute keine Wunder mehr, für alles lässt sich doch irgendeine rationale Erklärung finden. Im Kontrast dazu steht der inflationäre Gebrauch des Ausdrucks »Wunder« auch für wissenschaftliche Phänomene und Entdeckungen: Von Wundern der Technik, der Medizin, der Genforschung ist da die Rede. Was genau verstehen Christen heute eigentlich unter Wunder? Gehören sie allein in den Bereich der Schlagertexte und der naiven Religiosität oder betreffen sie uns noch?

Von der Schönheit der Natur bis zu großen technischen Errungenschaften, von Heilungen und Rettungen bis zu Visionen und weinenden Heiligenstatuen, was uns verwundert oder wunderbar erscheint, nennen wir oft Wunder. Aber sofort schleichen sich Zweifel ein, man möchte doch so gerne glauben, dass es auch wirklich ein Wunder ist, also müssen Beweise her: »Erst wenn du mir das Wunder beweist, kann ich es anerkennen!« Dabei wird übersehen, dass die Unbeweisbarkeit zum Wesen der Wunder gehört. Wunder lassen sich nur erfahren. Wunder führen auch nicht zum Glauben – jedenfalls, wenn man unter Glauben mehr versteht als naives Für-wahr-Halten –, sie setzen den Glauben vielmehr schon voraus. Das betont auch Jesus in den Wundererzählungen des Neuen Testaments immer wieder. Wundertaten als Beweise lehnt er ab: »Was fordert doch dieses Geschlecht ein Zeichen? Wahrlich, ich sage euch: Es wird diesem Geschlecht kein Zeichen gegeben werden!« (Markus 8,11) Jesus wusste, dass Wundertaten ohne schon vorhandenen Glauben oft als Scharlatanerie gedeutet werden. Baten ihn aber Menschen um Hilfe, die Hoffnung hatten und wirklich glaubten, dass Jesus ihnen helfen könne, verwehrte er sie ihnen nicht. Wenn Jesus dem Blinden, der wieder sehend geworden ist nach der Heilung, sagt: »Dein Glaube hat dir geholfen« (Lukas 18,42), wird deutlich: Er versucht sich mit seinen Taten – die im Neuen Testament übrigens meist »Zeichen« oder »Machttaten« und nicht Wunder genannt werden – nicht selbst darzustellen oder zu beweisen. Die Grundlage dafür, dass das Wunder geschieht, ist der Glaube des Geheilten.

Jesus war in seiner Umgebung nicht der einzige Wundertäter. In der damaligen Zeit waren solche Geschehnisse viel üblicher als

heute. Die Menschen wussten noch nichts von Naturgesetzen und sahen die Wunder als Zeichen dafür an, dass Göttliches in die Welt hineinwirkt. Jesus verkündete den Menschen das anbrechende Reich Gottes. Die Wunder lassen dies konkret erfahrbar werden. Hoffnung wird möglich, wo alles aussichtslos schien, Menschen werden satt und heil, körperlich wie geistig.
Sicher muss man nicht alle Wundergeschichten genauso für wahr halten, wie sie in der Bibel stehen. Sicherlich sind sie im Verlauf der Überlieferung auch aufgebauscht und übertrieben worden. Und dennoch: Der Versuch, sie rational wegzuerklären, der immer wieder unternommen wird, geht an ihrem wahren Gehalt vorbei. Und treibt gelegentlich Blüten, die noch absurder scheinen als die Wundergeschichten selbst: Davon, dass Jesus im Nebel über im Wasser schwimmende Baumstämme lief, als er übers Wasser ging, ist dann plötzlich die Rede. Oder davon, dass das Boot bei der Sturmstillung lediglich gerade um eine Landzunge gebogen war. Und die Toten, die Jesus auferweckt haben soll, seien eigentlich nur scheintot gewesen. Während in charismatischen Gemeinschaften angebliche Wunder in öffentlichen Gottesdiensten oft großartig zur Schau gestellt werden – da stehen Gelähmte plötzlich aus ihrem Rollstuhl auf, oder zunächst Schmerzgekrümmte beginnen jubelnd Gott zu loben –, erkennt die katholische Kirche Wunder, die etwa an berühmten Wallfahrtsorten geschehen, nur an, wenn sie von einer kirchlichen Untersuchungskommission zweifelsfrei als über- oder widernatürlich ausgewiesen worden sind. Beides hinterlässt ein ungutes Gefühl beim Beobachter, scheint hier doch zugunsten des offensichtlich unstillbaren menschlichen Verlangens nach beweisbaren Wundern vergessen zu werden, was schon Jesus wusste: Wunder kann man nicht beweisen und auch nicht als Beweise nutzen, sondern nur glaubend erfahren. Ob sich das jeweilige Geschehen wissenschaftlich erklären lässt oder nicht, ist dann unwichtig.
»Wenn sie dir begegnen, musst du sie auch seh'n«, fährt der Refrain des Schlagers fort. Ja, Wunder sind nach christlicher Auf-

fassung möglich, man muss nur hinschauen, sich öffnen für die Dinge, die über unsere begrenzte Vorstellungskraft hinausgehen. In Erfahrungen von Liebe, Heilung oder Rettung, aber auch im Staunen über echte Begegnungen oder die kleinen, zarten, leisen Geschehnisse des Alltags kann etwas deutlich werden von dem, was hinter den Dingen steckt, von der Liebe Gottes, davon, dass es mehr gibt, als sich wissenschaftlich erklären lässt.

Z

Christen befolgen die **ZEHN GEBOTE**

Die Zehn Gebote – wie das schon klingt: altmodisch, überflüssig und nach erhobenem Zeigefinger. »Wenn ich du wär, lieber Gott / Und wenn du ich wärst, lieber Gott / glaubst du, ich wäre auch so streng mit dir / wenn ich du wär, lieber Gott / und wenn du ich wärst, lieber Gott / würdest du die Gebote befolgen, nur wegen mir?«, fragten die Toten Hosen 1995.

Gewalt und Betrügereien, Diebstahl und Morde, jede Tageszeitung ist gefüllt mit solchen Themen. Verkaufsoffene Sonntage werden zur Normalität, Neidereien, Seitensprünge und Intrigen gehören auch unter Christen zur Realität. Kaum jemand überlegt dabei, ob er gegen irgendwelche Gebote verstößt. Hauptsache, mir geht es gut!

Die Zehn Gebote? Wozu sollen die gut sein? Und wer überhaupt will mir da Moralvorschriften machen? Ich lasse mir meine Freiheit doch nicht durch uralte Sprüche nehmen – »Knecht, Magd, Rind, Esel« (2. Mose 20,17) meines Nächsten soll ich nicht begehren? Da sieht man ja schon, wie unzeitgemäß diese Gebote sind. Das dachten sich auch viele Theologen aller Zeiten und schoben die Gebote in den Bereich des privaten Lebens ab. Im öffentlichen Leben und in der Politik sei damit nichts anzufangen.

Regeln und Gebote gibt es nicht nur in der Bibel. Sie sollen das Zusammenleben von Menschen ordnen und messen sich zum Beispiel daran, ob ein Verhalten dem Einzelnen oder der Gesellschaft nützt. Die Bibel jedoch beruft sich auf Gott. Außerdem geht es gerade nicht um Unfreiheit und Zwang. Gott hat sein

Volk aus der Sklaverei in Ägypten befreit, nun schenkt er ihm Regeln, die die Freiheit für alle sicherstellen sollen. Der Glaube an diesen Gott, der das Wohl der Menschen will, verbindet sich so mit dem verantwortungsvollen Handeln des Einzelnen.
Dem Alten Testament zufolge wurden die Zehn Gebote den Israeliten nach ihrem Auszug aus Ägypten am Berg Sinai verkündet und richteten sich an freie erwachsene Männer. Frauen, Sklaven, Kinder und Fremde waren zunächst ausgenommen. Aber schon damals wurde der Gültigkeitsbereich schnell erweitert. Sie sind als Ansprache Gottes an sein Volk formuliert. In den ersten drei Geboten geht es um das Verhalten Gott gegenüber, die folgenden Gebote beziehen sich auf das Zusammenleben der Menschen.
Jesus setzte die Gebote als Grundlage des jüdischen (Glaubens-)Lebens voraus. Daher konnte er auf die Frage eines Schriftgelehrten, der wissen wollte, welches denn das höchste Gebot sei, auch zusammenfassend antworten: »Du sollst den Herrn, deinen Gott, lieben von ganzem Herzen, von ganzer Seele, von ganzem Gemüt und von allen deinen Kräften … Du sollst deinen Nächsten lieben wie dich selbst. Es ist kein anderes Gebot größer als diese« (Markus 12,30f). Er zeigt damit, dass die Zehn Gebote auch für Christen ihre Bedeutung nicht verlieren sollten. Und dennoch erscheinen sie in ihrer überlieferten Form heute vielen wie Vorschriften aus einer Zeit, die mit unserem heutigen Leben kaum noch etwas zu tun hat. Außerdem: Wozu sollte gottgefälliges Verhalten wichtig sein, wären das nicht »gute Werke«, die am Ende doch nicht anerkannt werden?
Können die Gebote in der heutigen Zeit noch Gültigkeit beanspruchen? Wie kann man sie heute verstehen? Kann man sie überhaupt halten? Menschen benötigen Regeln für das Leben miteinander, Regeln entlasten, denn man muss nicht immer wieder neu darüber nachdenken, wie man sich in bestimmten Situationen verhalten soll. Die Zehn Gebote zeigen in einfachen Grundregeln deutlich, wie ein friedliches Zusammenleben funktionieren kann. Sie formulieren damit einen zeitlosen Anspruch,

auch wenn einzelne Gebote heute vielleicht moderner formuliert werden könnten. Das Hebräische, die Sprache, in der die Gebote ursprünglich formuliert waren, ermöglicht es, sie auch so zu lesen, dass der erhobene Zeigefinger weniger bedrohlich scheint: Weil Gott dich aus der Sklaverei befreit hat, deswegen wirst du seine Gebote befolgen, die ein menschenwürdiges Leben und Freiheit für alle garantieren sollen. Freies Zusammenleben braucht Schutzräume, man braucht die Gewissheit, nicht bei nächster Gelegenheit plötzlich bestohlen, verlassen oder gar getötet zu werden. All das lassen sich Christen auch heute noch sagen. Dabei geht es nicht darum, sie zu befolgen, um Gott einen Gefallen zu tun oder gut vor ihm dazustehen. Wer Fehler macht, wird von Gott dennoch nicht fallen gelassen, davon sind Christen überzeugt.

Die **ZEITRECHNUNG** beginnt mit Jesu Geburt

Klar, unsere Zeitrechnung orientiert sich an der Geburt Jesu, das wissen doch selbst Nichtchristen. Jesus wurde im Jahr 1 geboren, alles was vorher passierte, wird daher mit der Angabe »v. Chr.« versehen, und alles was danach geschah, wird ordentlich vorwärts gezählt und bekommt nur manchmal den Zusatz »n. Chr.«. Leider hat diese so einfach klingende Sache einen Haken. Schuld daran ist Dionysus Exiguus (um 470–540). Da es im Jahr 526 Unstimmigkeiten über den genauen Ostertermin gab, machte sich der Mönch Dionysus nämlich daran, diesen zu errechnen. Er vollzog mit Hilfe von Tafeln mit Jahreszyklen einige mehr oder weniger komplizierte Rechnungen und fand dabei nicht nur den Ostertermin heraus, sondern, indem er seine Rechnungen mit Angaben aus dem Alten und Neuen Testament verglich, auch ein vermutetes Geburtsjahr Jesu, das bei den ersten Christen entweder niemanden interessiert hatte oder in Vergessenheit geraten war. An den Berechnungen des Dionysus Exiguus orientiert sich jedenfalls noch heute unsere Zeitrechnung. Leider allerdings ist seine Berechnung falsch. Das ist aber auch das einzige, was feststeht. Denn heute gilt es als ziemlich sicher, dass Jesus während der letzten Regierungsjahre Herodes' des Großen geboren wurde, und der starb schon im Jahre 4 v. Chr., wahrscheinlich jedenfalls, denn hier gehen die Meinungen der Historiker genauso auseinander wie die Angaben zum Geburtsjahr Jesu in den Evangelien und unter den heutigen Wissenschaftlern. Meist wird heute aufgrund der Angaben zu Regierungszeiten unterschiedlicher Personen das Jahr 6 oder 4 v. Chr. als Geburtsjahr Jesu angenommen, aber auch 7 v. Chr. oder 7 n. Chr. stehen noch zur Diskussion. Nichts Genaues weiß man also. Aber zum Glück hatten wir ja Dionysus Exiguus, der uns durch seine Festlegung vor all der Rechnerei und dem Chaos bewahrte, die uns beschieden wären, wenn immer noch jeder die Tage nach seinem eigenen Kalender zählte.

ZUNGENREDEN ist Humbug

Wer schon einmal den Gottesdienst einer pfingstlerischen oder charismatischen Gemeinde besucht oder einen der meist amerikanischen Fernsehgottesdienste einer solchen Gemeinde gesehen hat, hat vielleicht auch gesehen, wie einzelne Gläubige dort aufstehen und anfangen, in unverständlichen Worten zu beten oder zu predigen. Verdutzt steht man als Unwissender dann davor und fragt sich, was denn nun los sei. In diesen Gemeinden allerdings gilt die Fähigkeit zum sogenannten Zungenreden meist als besondere, vom Heiligen Geist verliehene Gabe. Humbug? Religiöse Ekstase? Oder tatsächlich eine Geistesgabe? Was steckt hinter diesem unverständlichen Reden?

Schon in der Bibel wird immer wieder vom Zungenreden berichtet, meist im Zusammenhang mit dem Heiligen Geist, der auf die jeweiligen Menschen »herabfällt«. Das bekannteste Beispiel dafür ist wohl die Pfingsterzählung aus der Apostelgeschichte (2): »Und als der Pfingsttag gekommen war, waren sie alle an einem Ort beieinander. Und es geschah plötzlich ein Brausen vom Himmel wie von einem gewaltigen Wind und erfüllte das ganze Haus, in dem sie saßen. Und es erschienen ihnen Zungen, zerteilt wie von Feuer; und er setzte sich auf einen jeden von ihnen, und sie wurden alle erfüllt von dem Heiligen Geist und fingen an zu predigen in andern Sprachen, wie der Geist ihnen gab auszusprechen.« Das Besondere an dieser Pfingsterzählung ist allerdings, dass die umstehenden Menschen die Zungenrede wie ihre eigene Sprache verstehen konnten. Dies scheint sonst, wie auch heutzutage, nicht der Fall zu sein. Schon Paulus, der dem Zungenreden gegenüber eher weniger begeistert war und es deutlich von der für alle verständlichen Prophetie abgrenzte (1. Korinther 14,1f), forderte nachdrücklich: »Wer also in Zungen redet, der bete, dass er's auch auslegen könne« (14,13). Denn: »Wer in Zungen redet, der erbaut sich selbst; wer aber prophetisch redet, der erbaut die Gemeinde.« Das Zungenreden sei ein privates Gespräch mit Gott, meint er, in der Gemeinde dagegen zählten wenige verständliche Worte deutlich mehr, da dann jeder etwas davon habe.

Als besondere Geistesgabe wird die Zungenrede also beschrieben und als persönliche Gebetssprache. Aber was ist nun wirklich dran an diesem Geschehen, warum lassen sich Menschen seit so langer Zeit immer wieder zu einem solchen, für Außenstehende fast verrückt scheinenden Verhalten hinreißen oder versuchen sogar das Zungenreden zu erlernen? Offensichtlich erfahren diese Menschen den Zustand, in den sie beim Zungenreden geraten, als etwas ganz Besonderes. Viele berichten, sie fühlten sich in diesem Zustand tatsächlich wie ergriffen vom Geist Gottes.

Der Betende kann zwar Anfang und Ende seines Gebets kontrollieren, ist sich aber meistens nicht bewusst über das, was er betet. Der Psychiater Andrew Newberg stellte vor einigen Jahren in einer Untersuchung fest, dass beim Zungenreden im Gehirn ein der Meditation entgegengesetzter Zustand eintrete, der mit einer eingeschränkten Selbstkontrolle einhergehe. Offensichtlich ist das eine der Ursachen für die als positiv beschriebene Erfahrung beim Zungenreden. Humbug scheint das Zungenreden also nicht zu sein, dennoch sollte man es wohl mit Paulus halten und diese Erfahrung nicht überbewerten. Als private Erfahrung von Gottesnähe kann sie dem Einzelnen aber dennoch wertvoll sein.